Maurice Leblanc et Francis de Croisset

Arsène Lupin

Théâtre

ISBN : 9783967870190

10 9 8 7 6 5 4 3 2 1

Maurice Leblanc et Francis de Croisset

Arsène Lupin

Théâtre

Table de Matières

PERSONNAGES

Le duc de Charmerace, 29 ans, M. André Brulé.

Guerchard, inspecteur principal de la Sureté, M. Escoffier.

Gournay-Martin, M. Bullier.

Le Juge d'instruction, M. André Lefaur.

Charolais père, M. Bénédict.

Bernard Charolais, 17 ans, M. Félix Ander.

Boursin, agent de la Sureté, M. Clément.

Le Commissaire, M. Narbal.

Firmin, garde-chasse, M. Terof.

Dieusy, agent de la Sureté, M. Bosc

Bonavent, agent de la Sureté, M. Bertic.

Jean, chauffeur, M. Chartrettes.

L'Agent de police, en tenue, M. Ragoneau.

Le Concierge, M. Cousin.

Sonia Kritchnoff, 22 ans, demoiselle de compagnie, Mme Laurence Duluc

Germaine, fille de M. Gournay-Martin, Mme Jeanne Rosny

Victoire, Mme Germaine Ety.

La Concierge, Mme Ael.

Jeanne, amie de Germaine, Mme Maud Gauthier.

Marie, amie de Germaine, Mme Cézanne.

Irma, femme de chambre, Mme Erizac.

2e fils Charolais, M. Bonvalent.

3e fils Charolais, M. Bertrand.

Alfred, domestique, M. Marseille.

Le Serrurier, M. Masius.

Le Greffier, M. Tribois.

ACTE Premier

Grand hall de château. Large baie vitrée dans le fond donnant sur une terrasse et sur un parc. Portraits historiques. La place d'un de ces portraits est occupée par une tapisserie. Porte à droite et à gauche. Piano.

Scène I

SONIA, puis GERMAINE, ALFRED, JEANNE, MARIE.

Sonia est seule, elle fait des adresses. Dehors, jouant au tennis, Germaine et ses deux amies. On entend leurs cris : « Trente ! Quarante !... Play ?... etc... etc... »

SONIA, *seule, lisant. D'un ton pensif.* — « Monsieur Gournay-Martin a l'honneur de vous faire part du mariage de sa fille Germaine avec le duc de Charmerace »... Avec le duc de Charmerace !

VOIX DE GERMAINE. — Sonia ! Sonia ! Sonia !

SONIA. — Mademoiselle ?

GERMAINE. — Le thé ! Commandez le thé !

SONIA. — Bien, mademoiselle. *(Elle sonne. Au domestique qui entre.)* Le thé...

ALFRED. — Pour combien de personnes, mademoiselle ?

SONIA. — Pour quatre, à moins que... Est-ce que M. Gournay-Martin est rentré ?

ALFRED. — Oh ! non, mademoiselle, il est allé déjeuner à Rennes avec l'auto... cinquante kilomètres. Monsieur ne sera pas ici avant une bonne heure.

SONIA. — Et M. le duc ? Il n'est pas rentré de sa promenade à cheval ?

ALFRED. — Non, mademoiselle.

SONIA. — Tout est emballé ? Vous partez tous aujourd'hui ?

ALFRED. — Oui, mademoiselle.

Sort Alfred.

SONIA, *reprenant lentement.* — « Monsieur Gournay-Martin a l'honneur de vous faire part du mariage de sa fille Germaine avec le duc de Charmerace »

GERMAINE, *entrant vite, sa raquette à la main.* — Eh bien, qu'est-ce que vous faites ? Vous n'écrivez pas ?

SONIA. — Si... si...

MARIE, *entrant presque aussitôt.* — Ce sont des lettres de faire part tout ça ?

GERMAINE. — Oui, et nous n'en sommes qu'à la lettre V.

JEANNE, *lisant.* — Princesse de Vernan, duchesse de Vauvineuse... Marquis et marquise... Ma chère, vous avez invité tout le faubourg Saint-Germain.

MARIE. — Vous ne connaîtrez pas beaucoup de monde à votre mariage.

GERMAINE. — Je vous demande pardon, mes petites. Mme de Relzières, la cousine de mon fiancé, a donné un thé l'autre jour dans son château. Elle m'a présenté la moitié de Paris, du Paris que je suis appelée à connaître et que vous verrez chez moi.

JEANNE. — Mais nous ne serons plus dignes d'être vos amies, quand vous serez la duchesse de Charmerace.

GERMAINE. — Pourquoi ? *(À Sonia.)* Sonia ! Sur tout n'oubliez pas Veauléglise, 33, rue de l'Université. *(Elle répète)* 33, rue de l'Université.

SONIA. — Veauléglise... a... u... ?

GERMAINE. — Comment ?

SONIA. — Duchesse de Veauléglise... v... a... u... ?

GERMAINE. — Non, avec un e.

JEANNE. — Comme veau.

GERMAINE. — Ma chère, c'est une plaisanterie bien bourgeoise. *(À Sonia.)* Attendez, ne fermez pas l'enveloppe. *(D'un ton réfléchi)* Je me demande si Veauléglise mérite une croix, une double croix, ou une triple croix.

JEANNE ET MARIE. — Comment ?

GERMAINE. — Oui, la croix simple signifie l'invitation à l'église, double croix invitation au mariage et au lunch, et triple croix, invitation au mariage, au lunch et à la soirée de contrat. Votre avis ?

JEANNE. — Mon Dieu, je n'ai pas l'honneur de connaître cette grande dame.

MARIE. — Moi non plus.

GERMAINE. — Moi non plus, mais j'ai là le carnet de visite de feu la duchesse de Charmerace, la mère de Jacques… Les deux duchesses étaient en relations ; de plus, la duchesse de Veauléglise est une personne un peu rosse, mais fort admirée pour sa piété : elle communie trois fois par semaine.

JEANNE. — Alors, mettez-lui trois croix.

MARIE. — À votre place, ma chérie, avant de faire des gaffes, je demanderais conseil à votre fiancé. Il connaît ce monde-là, lui.

GERMAINE. — Ah ! là ! là ! mon fiancé ! ça lui est bien égal. Ce qu'il a changé depuis sept ans ! *(Feuillette son carnet.)* Il ne prenait rien au sérieux, alors. Tenez, il y a sept ans, s'il est parti pour faire une expédition au pôle sud, c'était uniquement par snobisme… Enfin, quoi, un vrai duc !

JEANNE. — Et aujourd'hui ?

GERMAINE. — Ah ! aujourd'hui, il est pédant, le monde l'agace, et il a un air grave.

SONIA. — Il est gai comme un pinson.

GERMAINE. — Il est gai quand il se moque des gens, mais à part ça, il est grave.

JEANNE. — Votre père doit être ravi de ce changement ?

GERMAINE. — Oh ! naturellement ! Papa s'appellera toujours M. Gournay-Martin. Non, quand je pense que papa déjeune aujourd'hui à Rennes avec le ministre, dans le seul but de faire décorer Jacques !…

MARIE. — Eh bien, la Légion d'honneur, c'est beau, cela.

GERMAINE. — Ma pauvre petite, c'est beau rue du Sentier, mais ça ne va pas avec un duc ! *(S'arrêtant au moment de partir.)* Tiens, cette statuette, pourquoi est-elle ici ?

SONIA, *étonnée.* — En effet, quand nous sommes entrées, elle était là, à sa place habituelle…

GERMAINE., *au domestique qui entre avec le thé* — Alfred, vous êtes venu dans le salon pendant que nous étions dehors ?

ALFRED. — Non, mademoiselle.

GERMAINE. — Mais quelqu'un est entré ?

ALFRED. — Je n'ai entendu personne, j'étais dans l'office.

GERMAINE. — C'est curieux. *(À Alfred qui va pour sortir.)* Alfred, on n'a pas encore téléphoné de Paris ?

ALFRED. — Pas encore, mademoiselle.

Il sort. Sonia sert le thé aux jeunes filles.

GERMAINE. — On n'a pas encore téléphoné. C'est très embêtant. Ça prouve qu'on ne m'a pas envoyé de cadeaux aujourd'hui.

SONIA. — C'est dimanche, les magasins ne font pas de livraisons ce jour-là.

JEANNE. — Le beau duc ne vient pas goûter ?

GERMAINE. — Mais si, je l'attends à quatre heures et demie. Il a dû sortir à cheval avec les deux frères Dubuit. Les Dubuit viennent goûter aussi.

MARIE. — Il est sorti à cheval avec les Dubuit ? Quand ça ?

GERMAINE. — Mais cet après-midi.

MARIE. — Ah ! non… Mon frère est allé après déjeuner chez Dubuit pour voir André et Georges. Ils étaient sortis depuis ce matin en voiture, et ils ne devaient rentrer que tard dans la soirée.

GERMAINE. — Tiens, mais… qu'est-ce qu'il m'a raconté ?

IRMA, *entrant.* — On est là de Paris, mademoiselle.

GERMAINE, *vivement.* — Chic, c'est le concierge.

IRMA. — C'est Victoire, la femme de charge.

GERMAINE, *au téléphone.* — Allô, c'est vous, Victoire ?… Ah ! on a envoyé quelque chose… Eh bien, qu'est-ce que c'est ? Un coupe-papier… encore ! Et l'autre ? Un encrier Louis XVI… encore ! Oh ! là ! là ! De qui ? *(Fièrement, aux autres jeunes filles.)* Comtesse de Rudolphe et baron de Valéry… oui, et c'est tout ? Non, c'est vrai ? *(À Sonia.)* Sonia, un collier de perles ! *(Au téléphone.)* Il est gros ? Les perles sont grosses ? Oh ! mais c'est épatant ! Qui a envoyé ça ?… *(Désappointée.)* Oh ! oui, un ami de papa. Enfin, c'est un collier de perles… Fermez bien les portes, n'est-ce pas ? et serrez-le dans l'armoire secrète… Oui, merci, ma bonne Victoire, à demain. *(À Jeanne et Marie.)* C'est inouï, les relations de papa me font des cadeaux merveilleux et tous les gens chics m'envoient des coupe-papier. Il est vrai que Jacques est au-dessous de tout. C'est à peine si, dans le faubourg, on sait que nous sommes fiancés.

JEANNE. — Il ne fait aucune réclame ?

GERMAINE. — Vous plaisantez, mais c'est que c'est vrai. Sa cousine, Mme de Relzières, me le disait encore l'autre jour au thé qu'elle a donné en mon honneur, n'est-ce pas, Sonia ?

JEANNE, *bas, à Marie.* — Elle en a plein la bouche de son thé.

MARIE. — À propos de Mme de Relzières, vous savez qu'elle est aux cent coups. Son fils se bat aujourd'hui.

SONIA. — Avec qui ?

MARIE. — On ne sait pas, mais elle a surpris une lettre des témoins…

GERMAINE. — Je suis tranquille pour Relzières. Il est de première force à l'épée, il est imbattable.

JEANNE. — Il était intime avec votre fiancé, autrefois.

GERMAINE. — Intime. C'est même par Relzières que nous avons connu Jacques.

MARIE. — Où ça ?

GERMAINE. — Dans ce château.

MARIE. — Chez lui, alors ?

GERMAINE. — Oui. Est-ce drôle, la vie ! Si, quelques mois après la mort de son père, Jacques ne s'était pas trouvé dans la dèche et obligé, pour les frais de son expédition au pôle sud, de bazarder ce château ; si papa et moi, nous n'avions pas eu envie d'avoir un château historique et, enfin, si papa n'avait pas souffert de rhumatismes, je ne m'appellerais pas, dans un mois, la duchesse de Charmerace.

JEANNE. — Quels rapports ont les rhumatismes de votre père ?…

GERMAINE. — Un rapport direct. Papa craignait que ce château ne fût humide. Pour prouver à papa qu'il n'avait rien à craindre, Jacques, en grand seigneur, lui a offert l'hospitalité, ici, à Charmerace, pendant trois semaines ; par miracle, papa s'y est guéri de ses rhumatismes. Jacques est tombé amoureux de moi ; papa s'est décidé à acheter le château, et moi, j'ai demandé la main de Jacques.

MARIE. — Mais vous aviez seize ans ?

GERMAINE. — Oui, seize ans, et Jacques partait pour le pôle sud.

JEANNE. — Alors ?

GERMAINE. — Alors, comme papa trouvait que j'étais beaucoup trop jeune pour me marier, j'ai promis à Jacques d'attendre son retour. Seulement, entre nous, si j'avais su qu'il devait rester si longtemps au pôle sud…

MARIE. — C'est vrai. Partir pour trois ans et rester sept ans là-bas.

JEANNE. — Toute votre belle jeunesse…

GERMAINE, *piquée.* — Merci…

JEANNE. — Dame ! vous avez vingt-trois ans, c'est d'ailleurs la fleur de l'âge.

GERMAINE. — Vingt-trois ans à peu près… Enfin, j'ai eu tous les malheurs, le duc est tombé malade, on l'a soigné à Montevideo. Une fois bien portant, comme personne n'est plus entêté que lui, il a voulu reprendre son expédition, il est reparti pour deux ans, et, brusquement, plus de nouvelles, plus aucune nouvelle. Vous savez que pendant six mois nous l'avons cru mort ?

SONIA. — Mort ! Mais vous avez dû être très malheureuse !

GERMAINE. — Ah ! ne m'en parlez pas. Je n'osais plus mettre une robe claire.

JEANNE, *à Marie.* — C'est un rien.

GERMAINE. — Heureusement, un beau jour, les lettres ont réapparu : il y a trois mois un télégramme a annoncé son retour et, enfin, depuis deux mois, le duc est revenu.

JEANNE, *à part, imitant le ton affecté de Germaine.* — Le duc !

MARIE. — C'est égal. Attendre un fiancé pendant près de sept ans, quelle fidélité !

JEANNE. — L'influence du château.

GERMAINE. — Comment ?

JEANNE. — Dame ! Posséder le château de Charmerace, et s'appeler Mlle Gournay-Martin, ça n'est pas la peine.

MARIE, *sur un ton de plaisanterie.* — N'empêche que, d'impatience, Mlle Germaine, pendant ces sept ans, a failli se fiancer avec un autre.

Sonia se retourne.

JEANNE, *sur le même ton.* — Qui n'était que baron.

SONIA. — Comment ! C'est vrai, mademoiselle.

JEANNE. — Vous ne saviez pas, mademoiselle Sonia ? Mais oui, avec le cousin du duc, précisément, M. de Relzières. Baronne de Relzières, c'était moins bien.

SONIA. — Ah !

GERMAINE. — Mais, étant le cousin et le seul héritier du duc, Relzières aurait relevé le titre et les armes, et j'aurais été tout de même duchesse, mes petites.

JEANNE. — Évidemment, c'était l'important. Sur ce, je me sauve, ma chérie.

GERMAINE. — Déjà ?

MARIE, *avec emphase.* — Oui, nous avons promis à la vicomtesse de Grosjean de lui faire un bout de visite. *(Négligemment.)* Vous connaissez la vicomtesse de Grosjean ?

GERMAINE. — De nom. Papa a connu son mari à la Bourse quand il s'appelait encore simplement Grosjean. Papa, lui, a préféré garder son nom intact.

JEANNE, *sortant, à Marie.* — Intact. C'est une façon de parler. Alors, à Paris ? Vous partez toujours demain ?…

GERMAINE. — Oui, demain.

MARIE, *l'embrassant.* — À Paris, n'est-ce pas ?

GERMAINE. — Oui, à Paris.

Sortent les deux jeunes filles.

ALFRED, *entrant.* — Mademoiselle, il y a là deux messieurs : ils ont insisté pour voir mademoiselle.

GERMAINE. — Ah ! oui, MM. Dubuit.

ALFRED. — Je ne sais pas, mademoiselle.

GERMAINE. — Un monsieur d'un certain âge et un plus jeune ?

ALFRED. — C'est cela même, mademoiselle.

GERMAINE. — Faites entrer.

ALFRED. — Mademoiselle n'a pas d'ordres pour Victoire ou pour les concierges de Paris ?

GERMAINE. — Non. Vous partez tout à l'heure ?

ALFRED. — Oui, mademoiselle, tous les domestiques… par le train de sept heures. Et il est bien de ce pays-ci : on n'est rendu à Paris qu'à neuf heures du matin.

GERMAINE. — Tout est emballé ?

ALFRED. — Tout. La charrette a déjà conduit les gros bagages à la gare. Ces messieurs et ces demoiselles n'auront plus qu'à se préoccuper de leurs valises.

GERMAINE, *à la porte.* — Parfait. Faites entrer MM. Dubuit. *(Il sort.)* Oh !

SONIA. — Quoi ?

GERMAINE. — Un des carreaux de la baie a été enlevé juste à la hauteur de l'espagnolette… on croirait qu'il a été coupé.

SONIA. — Tiens ! Oui, juste à la hauteur de l'espagnolette.

GERMAINE. — Est-ce que vous vous en étiez aperçue ?

SONIA. — Non ! Mais il doit y avoir des morceaux par terre, et… *(À Germaine.)* Mademoiselle, deux messieurs.

GERMAINE. — Ah ! Bonjour, messieurs Dub… Hein ? *(Elle aperçoit devant elle Charolais et son fils. Un silence embarrassé.)* Pardon, messieurs, mais, qui êtes vous ?

Scène II
Les mêmes, CHAROLAIS père, CHAROLAIS, premier fils.

CHAROLAIS PÈRE, *avec une bonhomie souriante.* — Monsieur Charolais… Monsieur Charolais… ancien brasseur, chevalier de la Légion d'honneur, propriétaire à Rennes. Mon fils, un jeune ingénieur. *(Le fils salue.)* Nous venons de déjeuner ici, à côté, à la ferme de Kerlor : nous sommes arrivés de Rennes ce matin : nous sommes venus tout exprès…

SONIA, *bas, à Germaine.* — Faut-il leur servir du thé ?

GERMAINE, *bas, à Sonia.* — Ah ! non, par exemple. *(À Charolais.)* Vous désirez, messieurs ?

CHAROLAIS PÈRE. — Nous avons demandé monsieur votre père, on nous a dit qu'il n'y avait que mademoiselle sa fille. Nous n'avons pas résisté au plaisir…

Tous deux s'assoient. Germaine et Sonia se regardent interloquées.

CHAROLAIS FILS, *à son père.* — Quel beau château, papa !

CHAROLAIS PÈRE. — Oui, petit, c'est un beau château. *(Un temps. À Germaine et Sonia.)* C'est un bien beau château, mesdemoiselles.

GERMAINE. — Pardon, messieurs, mais que désirez-vous ?

CHAROLAIS PÈRE. — Voilà. Nous avons vu dans *l'Éclaireur de*

Rennes que M. Gournay-Martin veut se défaire d'une automobile. Mon fils me dit toujours : « Papa, je voudrais une auto qui bouffe les côtes », comme qui dirait une soixante-chevaux.

GERMAINE. — Nous avons une soixante-chevaux, mais elle n'est pas à vendre ; mon père s'en est même servi aujourd'hui.

CHAROLAIS PÈRE. — C'est peut-être l'auto que nous avons vue devant les communs.

GERMAINE. — Non, celle-là est une trente-quarante, elle est à moi. Mais si monsieur votre fils, comme vous dites, aime bouffer les côtes, nous avons une cent-chevaux dont mon père désire se dé-faire. Tenez, Sonia, la photographie doit être là.

Toutes deux cherchent sur la table. Pendant ce temps, Charolais fils s'est emparé d'une petite statuette.

CHAROLAIS PÈRE, *à mi-voix.* — Lâche ça, imbécile ! *(Germaine se retourne et tend la photo.)* Ah ! la voilà. Ah ! ah ! Une cent-che-vaux. Eh bien, nous pouvons discuter cela. Quel serait votre der-nier prix ?

GERMAINE. — Je ne m'occupe pas du tout de ces questions-là, monsieur. Revenez tout à l'heure, mon père sera rentré de Rennes, vous vous arrangerez avec lui.

CHAROLAIS PÈRE. — Ah !... Alors, nous reviendrons tout à l'heure. *(Saluant.)* Mesdemoiselles, mes civilités.

Ils sortent avec des saluts profonds.

GERMAINE. — Eh bien ! En voilà des types ! Enfin, s'ils achètent la cent-chevaux, papa sera rudement content... C'est drôle que Jacques ne soit pas encore là. Il m'a dit qu'il serait ici entre quatre heures et demie et cinq heures.

SONIA. — Les Dubuit ne sont pas venus non plus, mais il n'est pas encore cinq heures.

GERMAINE. — Oui, au fait, les Dubuit ne sont pas venus non plus. *(À Sonia.)* Eh bien, qu'est-ce que vous faites ? Complétez tou-jours la liste des adresses en attendant.

SONIA. — C'est presque fini.

GERMAINE. — Presque n'est pas tout à fait. *(Regardant la pen-dule.)* Cinq heures moins cinq. Jacques en retard ! Ce sera la pre-mière fois.

SONIA, *tout en écrivant.* — Le duc a peut-être poussé jusqu'au château de Relzières pour voir son cousin, bien qu'au fond je ne croie pas que le duc aime beaucoup M. de Relzières. Ils ont l'air de se détester.

GERMAINE. — Ah ! Vous l'avez remarqué ? Maintenant, du côté de Jacques... il est si indifférent ! Pourtant il y a trois jours, quand nous avons été voir les Relzières, j'ai surpris Paul et le duc qui se querellaient.

SONIA, *inquiète.* — Vrai ?

GERMAINE. — Oui, ils se sont même quittés très drôlement.

SONIA, *vivement.* — Mais ils se sont donné la main ?

GERMAINE, *réfléchissant.* — Tiens ! non.

SONIA, *s'effarant.* — Non ! mais alors !

GERMAINE. — Alors quoi ?

SONIA. — Le duel... le duel de M. de Relzières...

GERMAINE. — Oh ! vous croyez ?

SONIA. — Je ne sais pas, mais ce que vous me dites... L'attitude du duc ce matin... Cette promenade en voiture.

GERMAINE, *étonnée.* — Mais... Mais oui... C'est très possible... c'est même certain...

SONIA, *très agitée.* — C'est horrible... Pensez-vous, mademoiselle... S'il arrivait quelque chose... Si votre fiancé...

GERMAINE, *plus calme.* — Ainsi, ce serait pour moi que le duc se battrait ?

SONIA. — Et avec un adversaire de première force, vous l'avez dit, imbattable ! *(Elle s'est dirigée vers la terrasse.)* Que faire ?... Et l'on ne peut rien... *(Brusquement.)* Ah ! Mademoiselle !

GERMAINE. — Quoi ?

SONIA. — Un cavalier, là-bas...

GERMAINE, *accourant.* — Oui... il galope...

SONIA, *battant des mains.* — C'est lui !... C'est lui !...

GERMAINE. — Vous croyez ?

SONIA. — J'en suis sûre ! C'est lui !...

GERMAINE. — Il arrive juste pour le thé ! Il sait que je n'aime pas attendre. Cinq heures moins une minute... Il m'a dit : à cinq heures

17

tapant je serai là, et il sera là.

SONIA. — Impossible, mademoiselle, il faut qu'il fasse tout le tour du parc. Il n'y a pas de route directe... La rivière est là.

GERMAINE. — Pourtant, il vient en droite ligne.

SONIA, *inquiète.* — Non, non, ce n'est pas possible.

GERMAINE. — Il traverse la pelouse. Tenez, il va sauter... Regardez-le, Sonia.

SONIA. — Mais c'est affreux. *(Se cachant les yeux.)* Ah !

GERMAINE, *criant.* — Bravo, ça y est ! Il a sauté ! Bravo, Jacques ! C'est un cheval de sept mille francs ! Vite, une tasse de thé... Il était admirable en sautant. Ah ! un duc !... voyez-vous ! Vous étiez là quand il m'a donné son dernier cadeau... ce pendentif entouré de perles ?

SONIA, *regardant le pendentif dans son écrin.* — Oui, merveilleux.

LE DUC, *entrant, et gaiement.* — Si c'est pour moi, beaucoup de thé, très peu de crème et trois morceaux de sucre. *(Regardant sa montre.)* Cinq heures ! Ça va bien.

Scène III
GERMAINE, SONIA, LE DUC

GERMAINE. — Vous vous êtes battu ?

LE DUC. — Ah ! vous saviez ?...

GERMAINE. — Pourquoi vous êtes-vous battu ?

SONIA. — Vous n'êtes pas blessé, monsieur le duc ?

GERMAINE. — Sonia, je vous en prie, les adresses. *(Au duc.)* C'est pour moi ?

LE DUC. — Ça vous ferait plaisir que ce fût pour vous ?

GERMAINE. — Oui, mais ça n'est pas vrai, c'est pour une femme.

LE DUC. — Si ça avait été pour une femme, ça n'aurait pu être que pour vous.

GERMAINE. — Évidemment, ça ne pouvait pas être pour Sonia ni pour ma femme de chambre. Mais, peut-on savoir le motif ?

LE DUC. — Oh ! Un motif puéril... J'étais de méchante humeur et Relzières m'avait dit un mot désagréable.

GERMAINE. — Alors, mon cher, si ce n'était pas pour moi, ce n'était vraiment pas la peine.

LE DUC. — Oui, mais si j'avais été tué, on aurait dit : « Le duc de Charmerace a été tué pour Mlle Gournay-Martin ». Ç'aurait eu beaucoup d'allure...

GERMAINE. — N'allez pas recommencer à m'agacer...

LE DUC. — Non, non.

GERMAINE. — Et Relzières, est-ce qu'il est blessé ?

LE DUC. — Six mois de lit.

GERMAINE. — Ah ! mon Dieu !

LE DUC. — Ça lui fera beaucoup de bien... Il a une entérite... et, pour l'entérite, le repos, c'est excellent. Ah ! nom d'un chien, ce sont des invitations, tout ça ?

GERMAINE. — Ça n'est que la lettre V.

LE DUC. — Et il y en a vingt-cinq dans l'alphabet, mais vous allez inviter la terre entière, il faudra faire agrandir la Madeleine.

GERMAINE. — Ce sera un mariage très bien. On s'écrasera ! Il y aura sûrement des accidents.

LE DUC. — À votre place, j'en organiserais... Mademoiselle Sonia, voulez-vous être un ange ? Jouez-moi un peu de Grieg. Je vous ai entendue hier. Personne ne joue du Grieg comme vous.

GERMAINE. — Pardon, mon cher, mais Mlle Kritchnoff a à travailler.

LE DUC. — Cinq minutes d'arrêt, quelques notes, je vous en prie.

GERMAINE. — Soit, mais j'ai une chose très importante à vous dire.

LE DUC. — Tiens ! au fait, moi aussi. J'ai là le dernier cliché que j'ai pris de vous et de Mlle Sonia. (*Germaine hausse les épaules.*) Avec vos robes claires en plein soleil, vous avez l'air de deux grandes fleurs.

GERMAINE. — Et vous trouvez que c'est important ?

LE DUC. — C'est important comme tout ce qui est puéril. Tenez, admirez.

GERMAINE. — Affreux ! Nous faisons des grimaces épouvantables.

LE DUC. — Vous faites des grimaces, mais elles ne sont pas épouvantables. Mademoiselle Sonia, je vous fais juge… Les figures, je ne dis pas… mais les silhouettes… Regardez le mouvement de votre écharpe ?…

GERMAINE, *gravement*. — Mon cher…

LE DUC. — C'est vrai… La chose importante…

GERMAINE. — Victoire a téléphoné de Paris.

LE DUC. — Ah ! ah !

GERMAINE. — Nous avons reçu un encrier Louis XVI et un coupe-papier.

LE DUC. — Bravo.

GERMAINE. — Et un collier de perles.

LE DUC. — Bravo.

GERMAINE. — Je vous dis un collier de perles, vous dites « Bravo ». Je vous dis un coupe-papier, vous dites « Bravo ». Vous n'avez vraiment pas le sentiment des nuances.

LE DUC. — Pardon. Ce collier de perles est d'un ami de votre père, n'est-ce pas ?

GERMAINE. — Oui, pourquoi ?

LE DUC. — Mais l'encrier Louis XVI et le coupe-papier doivent être extrêmement gratin ?

GERMAINE. — Oui. Eh bien ?

LE DUC. — Eh bien, alors, ma petite Germaine, de quoi vous plaignez-vous ? Ça rétablit l'équilibre… On ne peut pas tout avoir.

GERMAINE. — Vous vous fichez de moi.

LE DUC. — Je vous trouve adorable.

GERMAINE. — Jacques, vous m'agacez. Je finirai par vous prendre en grippe.

LE DUC, *en riant*. — Attendez que nous soyons mariés. *(Un temps. À Sonia qui regarde un portrait.)* Vous regardez ce Clouet… Il a du caractère, n'est-ce pas ?…

SONIA. — Oui, beaucoup. C'est un de vos ancêtres, n'est-ce pas ?

GERMAINE. — Naturellement, tout ça, c'est des portraits d'ancêtres, il n'y a ici que des Charmerace, et papa a tenu à ce qu'on ne déplace aucun des portraits de cette salle.

LE DUC. — Aucun, sauf le mien. *(Sonia et Germaine le regardent* *étonnées.)* Oui, à la place de cette tapisserie il y avait un portrait de moi, jadis. Qu'est-ce qu'il est devenu ?

GERMAINE. — C'est une blague, n'est-ce pas ?

SONIA. — C'est vrai, monsieur le duc, vous n'êtes pas au courant ?

GERMAINE. — Nous vous avons écrit tous les détails et envoyé tous les journaux. Il y a trois ans de cela. Vous n'avez donc rien reçu ?

LE DUC. — Il y a trois ans… j'étais perdu dans les terres polaires.

GERMAINE. — Mais c'est tout un drame, mon cher, tout Paris en a parlé. On l'a volé, votre portrait.

LE DUC. — Volé ? Qui ça ?

GERMAINE. — Tenez, vous allez comprendre. *(Elle écarte la tapisserie. On voit écrit à la craie le nom d'Arsène Lupin.)* Que dites-vous de cet autographe ?

LE DUC, *lisant.* — Arsène Lupin.

SONIA. — Il a laissé sa signature… il paraît que c'est ce qu'il fait toujours…

LE DUC. — Ah ! Qui ça ?

GERMAINE. — Mais, Arsène Lupin ! Je pense que vous savez qui est Arsène Lupin ?

LE DUC. — Ma foi non.

GERMAINE. — On n'est pas pôle sud à ce point-là ! Vous ne savez pas qui est Lupin ? le plus fantaisiste, le plus audacieux, le plus génial des filous.

SONIA. — Depuis dix ans, il met la police aux abois. C'est le seul bandit qui ait pu dépister notre grand policier Guerchard.

GERMAINE. — Enfin, quoi ! notre voleur national. Vous ne le connaissez pas ?

LE DUC. — Pas même assez pour l'inviter au restaurant. Comment est-il ?

GERMAINE. — Comment est-il ? Personne n'en sait rien. Il a mille déguisements. Il a dîné deux soirs de suite à l'ambassade d'Angleterre.

LE DUC. — Si personne ne le connaît, comment l'a —t-on su ?

GERMAINE. — Parce que le second soir, vers dix heures, on s'est aperçu qu'un des convives avait disparu, et avec lui, tous les bijoux de l'ambassadrice.

LE DUC. — Hein ?

GERMAINE. — Lupin a laissé sa carte avec ces simples mots : « Ce n'est pas un vol, c'est une restitution. Vous nous avez bien pris la collection Wallace. »

LE DUC. — C'est une blague, n'est-ce pas ?

SONIA. — Non, monsieur le duc ! Et il a fait mieux. Vous vous souvenez de l'affaire de la banque Daroy, l'épargne des petits.

LE DUC. — Le financier qui avait triplé sa fortune au détriment d'un tas de pauvres diables, deux mille personnes ruinées ?

SONIA. — Parfaitement. Eh bien, Lupin a dévalisé l'hôtel de Daroy et lui a pris tout ce qu'il avait en caisse. Et il n'a pas gardé un sou de l'argent.

LE DUC. — Qu'est-ce qu'il en a fait ?

SONIA. — Il l'a distribué à tous les pauvres diables que Daroy avait ruinés.

LE DUC. — Mais c'est un grand philanthrope que votre Lupin.

GERMAINE. — Oh ! pas toujours. Exemple : l'histoire arrivée à papa.

LE DUC. — Ce vol-là n'est pas digne de votre héros. Mon portrait n'avait aucune valeur.

GERMAINE. — Aussi, si vous croyez qu'il s'en est contenté. Toutes les collections de papa ont été pillées.

LE DUC. — Les collections de votre père, mais elles sont mieux gardées qu'au Louvre. Votre père y tient comme à la prunelle de ses yeux.

GERMAINE. — Justement, il y tenait trop. C'est pourquoi Lupin a réussi.

LE DUC. — Il avait donc des complices dans la place ?

GERMAINE. — Oui… un complice.

LE DUC. — Qui ça ?

GERMAINE. — Papa.

LE DUC. — Hein ? Je ne comprends plus du tout.

GERMAINE. — Vous allez voir. Un matin, papa reçoit une lettre…

attendez… {{di|(À Sonia.) Sonia, dans le secrétaire, le dossier Lupin.

SONIA. — Je vous l'apporte.

Elle va au secrétaire.

LE DUC, *en riant.* — Vous avez un dossier Lupin ?

GERMAINE. — Naturellement, une affaire pareille, nous avons tout gardé.

SONIA, *qui a tiré du secrétaire un carton-chemise et qui en a sorti une enveloppe.* — Voici l'enveloppe : « Monsieur Gournay-Martin, collectionneur, en son château de Charmerace. Ille-et-Vilaine. », Germaine remet l'enveloppe au duc.

LE DUC. — L'écriture est curieuse.

GERMAINE. — Lisez la lettre, lisez à haute voix.

LE DUC, *lisant.* — « Monsieur, excusez-moi de vous écrire sans que nous ayons été présentés, mais je me flatte que vous me connaissiez au moins de nom… Il y a dans la galerie qui réunit vos deux salons, un Murillo, d'excellente facture, et qui me plaît infiniment. Vos Rubens sont aussi de mon goût, ainsi que votre Van Dick. Dans le salon de droite, je note la crédence Louis XIII, la tapisserie de Beauvais, le guéridon Empire, la pendule signée Boulle et divers objets sans grande importance. Je tiens sur tout à ce diadème que vous avez acheté à la vente de la marquise de La Ferronaye et qui fut porté naguère par la malheureuse marquise de Lamballe. Ce diadème a pour moi un grand intérêt… d'abord, les souvenirs charmants et tragiques qu'il évoque pour un poète épris d'histoire, ensuite, mais est-ce la peine de parler de ces choses-là, sa valeur intrinsèque ? J'estime en effet que les pierres de votre diadème valent, au bas mot, cinq cent mille francs.

GERMAINE. — Au moins.

LE DUC, *continuant.* — « Je vous prie, monsieur, de faire emballer convenablement ces divers objets, et de les expédier en mon nom, port payé, en gare des Batignolles, avant huit jours. Faute de quoi je ferai procéder moi-même à leur déménagement dans la nuit du mercredi 27 au jeudi 28 septembre. Veuillez excuser le petit dérangement que je vous cause, et agréez, je vous prie, monsieur, l'expression de mon entier dévouement. Signé Arsène Lupin. » C'est drôle ! j'avoue que c'est drôle ! Et votre père

23

n'a pas ri ?

GERMAINE. — Ri ! Ah ! si vous aviez vu sa tête… Il a pris cela au tragique.

LE DUC. — Pas au point d'expédier les objets en gare des Batignolles, j'espère.

GERMAINE. — Non, mais au point de s'affoler, et comme nous avions lu dans un journal de Rennes que Guerchard, le célèbre policier, le seul adversaire vraiment digne d'Arsène Lupin se trouvait dans cette ville, papa nous y entraîne ; en dix minutes on tombe d'accord, la nuit du 27 arrive, Guerchard avec deux inspecteurs de confiance s'installe dans ce hall où se trouvaient alors les collections. La nuit se passe très tranquille… rien d'insolite… pas un seul bruit… Dès l'aurore nous nous précipitons.

LE DUC. — Eh bien ?

GERMAINE. — Eh bien, c'était fait.

LE DUC. — Quoi ?

SONIA. — Tout !

LE DUC. — Comment tout ? Les tableaux ?

GERMAINE. — Enlevés !

LE DUC. — Les tapisseries ?

SONIA. — Plus de tapisseries.

LE DUC. — Et le diadème ?

GERMAINE. — Ah ! non ! Il était au Crédit lyonnais, celui-là. C'est sans doute pour se dédommager, qu'il a pris votre portrait, car Lupin n'avait pas annoncé ce vol-là dans sa lettre.

LE DUC. — Mais voyons, c'est invraisemblable. Il avait donc hypnotisé Guerchard, ou il lui avait fait respirer du chloroforme.

GERMAINE. — Guerchard ? Mais ça n'avait jamais été Guerchard.

LE DUC. — Comment ?

SONIA. — C'était un faux Guerchard. C'était Lupin.

LE DUC. — Alors, ça, vraiment, ce n'est pas mal. Quand il a appris cette histoire, qu'a fait le vrai Guerchard ?

SONIA. — Il en a fait une maladie.

GERMAINE. — Et c'est depuis ce temps-là qu'il a voué à Lupin une haine mortelle.

LE DUC. — Et l'on n'a jamais pu remettre la main sur le faux Guerchard ?

GERMAINE. — Jamais. Pas l'ombre d'une trace. Nous n'avons de lui qu'une lettre et cet autographe… *Elle désigne la signature de Lupin derrière la tapisserie écartée.*

LE DUC. — Fichtre ! C'est un habile homme.

GERMAINE, *riant.* — Très habile ! et quand il serait dans le voisinage, cela ne me surprendrait qu'à moitié.

LE DUC. — Oh !

GERMAINE. — Je plaisante, mais on a changé des objets de place ici. Tenez, cette statuette… Et on ne sait pas qui… Et de plus, on a cassé ce carreau, juste à la hauteur de l'espagnolette.

LE DUC. — Tiens ! Tiens !

FIRMIN, *entrant.* — Mademoiselle reçoit ?

GERMAINE. — Firmin ! C'est vous qui êtes à l'anti-chambre ?

FIRMIN. — Dame, faut ben, mademoiselle. Tous les domestiques sont partis pour Paris… La visite peut-elle pénétrer ?

LE DUC, *riant.* — Pénétrer ! Firmin, vous êtes épatant !

GERMAINE. — Qui est-ce ?

FIRMIN. — Deux messieurs. Ils ont dit qu'ils avaient prévenu.

GERMAINE. — Deux messieurs ? Qui ça ?

FIRMIN. — Ah ! je n'ai pas la mémoire des noms.

LE DUC, *riant.* — C'est commode…

GERMAINE. — Ce n'est pas les deux Charolais au moins ?

FIRMIN. — Ça ne doit pas être ça.

GERMAINE. — Enfin, faites entrer.

Firmin sort.

LE DUC. — Charolais ?

GERMAINE. — Oui. Figurez-vous que tout à l'heure, on nous a annoncé deux messieurs, j'ai cru que c'était Georges et André Dubuit, oui, ils nous avaient promis de venir prendre le thé tout à l'heure. Je dis à Alfred de les introduire… et nous avons vu surgir… *(Elle se retourne et voit Charolais et son fils.)* Oh !

Scène IV
Les mêmes, CHAROLAIS et ses trois fils

CHAROLAIS PÈRE. — Mademoiselle, mes civilités !

Il salue. Le fils salue également et démasque un troisième individu.

SONIA, *à Germaine.* — Tiens, il y en a un de plus

CHAROLAIS PÈRE, *présentant.* — Mon second fils, établi pharmacien.

Le second fils salue.

GERMAINE. — Monsieur, je suis désolée… Mon père n'est pas encore rentré.

CHAROLAIS PÈRE. — Ne vous excusez pas… il n'y a pas de mal.

Ils s'installent.

GERMAINE, *un instant de stupeur et un coup d'œil à Sonia.* — Il ne rentrera peut-être que dans une heure. Je ne voudrais pas vous faire perdre votre temps.

CHAROLAIS PÈRE. — Oh ! il n'y a pas de mal. *(Avisant le duc.)* Maintenant, en attendant… si monsieur est de la famille, on pourrait peut-être discuter avec lui le dernier prix de l'automobile.

LE DUC. — Je regrette, ça ne me regarde en aucune façon.

FIRMIN, *entrant, et s'effaçant devant un nouveau visiteur.* — Si monsieur veut pénétrer par ici…

CHAROLAIS. — Comment ! Te voilà ! Je t'avais dit d'attendre à la grille du parc.

BERNARD CHAROLAIS. — Je voulais voir l'auto aussi.

CHAROLAIS PÈRE. — Mon troisième fils. Je le destine au barreau.

Bernard salue.

GERMAINE. — Ah çà ! mais combien sont-ils ?

LA FEMME DE CHAMBRE. — Monsieur vient d'arriver, mademoiselle.

GERMAINE. — Eh bien, tant mieux. *(À Charolais.)* Si vous voulez me suivre, messieurs, vous allez pouvoir parler à mon père tout de suite.

Pendant ce temps, Charolais et ses fils se sont levés. Bernard est resté debout près de la table. Germaine sort suivie par Charolais et ses deux fils. Bernard, qui parait admirer le salon, empoche deux objets qui sont sur la table et va pour sortir.

Le Duc, *vivement, à Bernard.* — Non, pardon, jeune homme.

Bernard Charolais. — Quoi ?

Le Duc. — Vous avez pris un porte-cigarettes.

Bernard Charolais. — Moi, mais non. *(Le duc empoigne le bras du jeune homme et fouille dans la casquette qu'il tient à la main. Il en sort le porte-cigarettes. Feignant la stupeur.)* C'est… C'est… par mégarde.

Il veut sortir.

Le Duc, *le retenant, sortant un écrin de la poche intérieure de Bernard.* — Et ça, c'est par mégarde aussi ?

Sonia. — Mon Dieu ! le pendentif !

Bernard Charolais, *avec égarement.* — Pardonnez-moi, je vous en supplie, ne me trahissez pas.

Le Duc. — Vous êtes un petit misérable !

Bernard Charolais. — Je ne recommencerai plus jamais… par pitié… si mon père savait… par pitié…

Le Duc. — Soit !… pour cette fois… *(Le poussant vers la porte.)* Allez au diable !

Bernard, *sort en répétant.* — Merci… merci… merci…

Scène V

SONIA, LE DUC

Le Duc. — C'est en effet là qu'il ira ce petit… il ira loin. Ce pendentif… c'eût été dommage !… *Il le pose sur le chiffonnier.)* Ma foi, j'aurais dû le dénoncer.

Sonia, *vivement.* — Non, non, vous avez bien fait de pardonner.

Le Duc. — Qu'avez-vous donc ? Vous êtes toute pâle !

Sonia. — Ça m'a bouleversée… le malheureux enfant !

Le Duc. — Vous le plaignez ?

Sonia. — Oui, c'est affreux. Il avait des yeux si terrifiés et si jeunes… et puis être pris là… en volant… sur le fait… Oh ! c'est odieux.

Le Duc. — Voyons, voyons… que vous êtes impressionnable !…

Sonia, *toute émue.* — Oui. c'est bête… seulement… vous avez remarqué ses yeux, ses yeux traqués ? Vous avez eu pitié, n'est-ce pas ? Vous êtes très bon, au fond.

Le Duc, *souriant.* — Pourquoi… au fond ?

Sonia. — Je dis « au fond », parce que votre apparence est ironique, et votre abord si froid ! Mais souvent c'est le masque de ceux qui ont le plus souffert, et ce sont les plus indulgents.

Le Duc. — Oui.

Sonia, *très lentement, avec des silences, des hésitations.* — Parce que quand on souffre, n'est-ce pas, alors on comprend… enfin on comprend…

Un temps.

Le Duc. — Vous souffrez donc bien ici ?

Sonia. — Moi ? Pourquoi ?

Le Duc. — Votre sourire est désolé, vous avez des yeux inquiets et peureux… vous êtes comme un petit enfant qu'on voudrait protéger… *(Il s'avance de deux pas vers Sonia et lentement, doucement.)* Vous êtes toute seule dans la vie ?

Sonia. — Oui.

Le Duc. — Et vos parents… vos amis ?

Sonia. — Oh !

Le Duc. — Vous n'en avez pas ici à Paris… mais chez vous, en Russie ?

Sonia. — Non, personne…

Le Duc. — Ah !

Sonia, *avec une résignation souriante.* — Mais ça ne fait rien… j'ai été habituée si jeune *(Un temps.)* si jeune. Ce qui est dur… Mais vous allez vous moquer de moi.

Le Duc. — Non… non…

Sonia, *souriante, sans coquetterie, mais avec un trouble heureux.* — Eh bien, ce qui est dur, c'est de ne jamais recevoir de lettres… une enveloppe qu'on ouvre… quelqu'un qui pense à vous… un souvenir… Mais je me fais une raison, vous savez… j'ai une grande dose de philosophie.

Le Duc. — Vous êtes drôle quand vous dites ça : « J'ai une grande dose de philosophie »… *(Après l'avoir regardée, il ajoute encore une fois.)* philosophie…

Ils continuent de se regarder.

Germaine, *entrant.* — Sonia, vous êtes vraiment impossible. Je vous avais pourtant bien recommandé d'emballer vous-même dans ma valise mon petit buvard en maroquin ? Naturellement, j'ouvre au hasard un tiroir… Qu'est-ce que je vois ? mon petit buvard en maroquin.

Sonia. — Je vous demande pardon… je vais…

Germaine. — Oh ! ça n'est plus la peine… je m'en charge, mais, ma parole, vous seriez une invitée au château, vous n'en prendriez pas plus à votre aise… Vous êtes la négligence en personne.

Le Duc. — Germaine… voyons, pour une petite distraction.

Germaine. — Ah ! mon cher, je vous en prie… vous avez la fâcheuse habitude de vous mêler des affaires de maison… l'autre jour encore !… Je ne peux plus faire une observation à un domestique…

Le Duc, *protestant.* — Germaine !

Germaine, *désignant à Sonia un paquet d'enveloppes et de lettres que Bernard Charolais a fait tomber de la table en s'en allant.* — Vous ramasserez les enveloppes et les bouquins, et vous porterez le tout dans ma chambre… *(Avec impatience.)* Eh bien ?

Germaine sort.

Sonia. — Oui, mademoiselle.

Elle se baisse.

Le Duc. — Je vous en prie… non… non… je vous en prie… *(Il ramasse les enveloppes. Ils sont à genoux l'un près de l'autre.)* Vous savez, Germaine est bonne au fond. Il ne faut pas trop lui en vouloir, si parfois elle est un peu… brusque…

Sonia. — Je n'ai pas remarqué…

Le Duc. — Ah ! tant mieux… parce que j'avais cru…

Sonia. — Non, non.

Le Duc. — Vous comprenez… elle a toujours été très heureuse, alors, n'est-ce pas, elle ne sait pas… {di|(Ils se relèvent.)}} elle ne réfléchit pas… C'est une petite poupée… un petit être très gâté par la vie… Je serais désolé si sa sortie de tout à l'heure devait vous faire de la peine.

SONIA. — Ah ! ne croyez pas ça… non… non…

LE DUC, *lui tendant le petit paquet d'enveloppes et le retenant.* — Voilà… Ce ne sera pas trop lourd ?

SONIA. — Non… non… merci.

LE DUC, *retenant toujours les enveloppes, les yeux dans ses yeux.* — Vous ne voulez pas que je vous aide ?

SONIA. — Non, monsieur le duc.

Il lui saisit vivement la main et l'embrasse dans un geste irréfléchi. Elle défaille une seconde, puis s'éloigne. À la porte, elle se retourne et lui sourit.

Scène VI

LE DUC, GOURNAY-MARTIN, arrivant par la terrasse avec CHAROLAIS père et ses fils.

Ils s'arrêtent à la porte du salon.

GOURNAY-MARTIN, *bruyant, un peu vulgaire, important.* — Non, c'est mon dernier prix… c'est à prendre ou à laisser. Dites-moi adieu ou dites-moi oui.

CHAROLAIS PÈRE. — C'est bien cher.

GOURNAY-MARTIN. — Cher ! Je voudrais vous en voir vendre des cent-chevaux à dix-neuf mille francs en ce moment-ci ! Mais, mon cher monsieur, vous m'entôlez.

CHAROLAIS PÈRE. — Mais non, mais non.

GOURNAY-MARTIN. — Vous m'entôlez littéralement ! Une machine superbe que j'ai payée trente trois mille francs et que je laisse partir à dix-neuf mille. Vous faites une affaire scandaleuse.

CHAROLAIS PÈRE. — Mais non, mais non.

GOURNAY-MARTIN. — D'ailleurs, quand vous aurez vu comme elle tient la route !

CHAROLAIS PÈRE. — Dix-neuf mille francs, c'est cher !

GOURNAY-MARTIN. — Allons ! allons ! vous êtes un roublard. *(À Jean.)* Jean, accompagnez ces messieurs au garage. Vous vous mettrez à leur entière disposition. *(À Charolais.)* Et vous savez, vous êtes un homme redoutable en affaires ; vous êtes rudement fort. *(Les quatre Charolais sortent, il rentre dans le salon et au duc.)* Je l'ai roulé comme dans un bois.

LE DUC. — Ça ne m'étonne pas de vous.

GOURNAY-MARTIN. — L'auto date d'il y a quatre ans. Il me l'achète dix-neuf mille francs et ça ne vaut plus une pipe de tabac. Dix-neuf mille francs, c'est le prix du petit Watteau que je guigne depuis longtemps. Il n'y a pas de sottes économies. *(S'asseyant.)* Eh bien, on ne me demande pas des nouvelles du déjeuner officiel, on ne me demande pas ce qu'a dit le ministre ?

LE DUC, *indifférent.* — Au fait, vous avez du nouveau ?

Pendant la scène, le jour commence à tomber, Firmin est entré et a allumé.

GOURNAY-MARTIN. — Oui, votre décret sera signé demain. Vous pouvez vous considérer comme décoré. Eh bien, vous êtes un homme heureux, j'espère ?

LE DUC. — Certainement.

GOURNAY-MARTIN. — Moi, je suis ravi. Je tenais à ce que vous fussiez décoré. Et après ça… après un ou deux volumes de voyages, après que vous aurez publié les lettres de votre grand-père avec une bonne préface, il faudra songer à l'Académie.

LE DUC, *souriant.* — L'Académie ! Mais je n'y ai aucun titre.

GOURNAY-MARTIN. — Comment aucun titre ! Mais vous êtes duc !

LE DUC. — Oui, évidemment.

GOURNAY-MARTIN. — Je veux donner ma fille à un travailleur, mon cher. Je n'ai pas de préjugés, moi ! Je veux pour gendre un duc qui soit décoré et de l'Académie française… parce que ça c'est le mérite personnel ? Moi, je ne suis pas snob. Pourquoi riez-vous ?

LE DUC. — Pour rien, je vous écoute. Vous êtes plein de surprises.

GOURNAY-MARTIN. — Je vous déroute, hein ? Avouez que je vous déroute. Et c'est vrai, je comprends tout, je comprends les affaires et j'aime l'art, les tableaux, les belles occasions, les bibelots, les belles tapisseries, c'est le meilleur des placements. Enfin, quoi, j'aime ce qui est beau… et, sans me vanter, je m'y connais… j'ai du goût, et j'ai quelque chose de supérieur encore au goût : j'ai du flair.

Le Duc. — Vos collections de Paris le prouvent.

Gournay-Martin. — Et encore vous n'avez pas vu ma plus belle pièce, ma meilleure affaire, le diadème de la princesse de Lamballe, il vaut cinq cent mille francs.

Le Duc. — Fichtre ! Je comprends que le sieur Lupin vous l'ait envié.

Gournay-Martin, *sursautant.* — Ah ! ne me parlez pas de cet animal-là, le gredin !

Le Duc. — Germaine m'a montré sa lettre. Elle est drôle.

Gournay-Martin. — Sa lettre ! Ah ! le misérable ! J'ai failli en avoir une apoplexie. J'étais dans ce salon où nous sommes, à bavarder tranquillement, quand tout à coup Firmin entre et m'apporte une lettre…

Firmin, *entrant.* — Une lettre pour monsieur.

Gournay-Martin. — Merci… et m'apporte une lettre *(Il met son lorgnon.)* dont l'écriture… *(Il regarde l'enveloppe.)* Ah ! nom de Dieu !

Il tombe assis.

Le Duc. — Hein ?

Gournay-Martin, *la voix étranglée.* — Cette écriture… c'est la même écriture.

Le Duc. — Vous êtes fou, voyons !

Gournay-Martin, *décachette l'enveloppe et lit, haletant, effaré.* — « Monsieur. Ma collection de tableaux que j'ai eu le plaisir, il y a trois ans, de commencer avec la vôtre, ne compte en fait d'œuvres anciennes qu'un Vélasquez, un Rembrandt et trois petits Rubens. Vous en avez bien davantage. Comme il est pitoyable que de pareils chefs-d'œuvre soient *(Il tourne la page.)* entre vos mains, j'ai l'intention de me les approprier et me livrerai demain dans votre hôtel de Paris à une respectueuse perquisition. »

Le Duc. — C'est une blague, voyons.

Gournay-Martin, *continuant.* — « Post-Scriptum. *(Il s'éponge.)* Bien entendu, comme depuis trois ans vous détenez le diadème de la princesse de Lamballe, je me restituerai ce joyau par la même occasion. » Le misérable ! le bandit ! J'étouffe ! Ah !

Il arrache son col. À partir de cet instant, toute la fin de l'acte doit être jouée dans un mouvement très rapide, une sorte d'affolement.

Le Duc. — Firmin ! Firmin ! *(À Sonia qui entre à droite.)* Vite un verre d'eau, des sels. M. Gournay-Martin se trouve mal.

Sonia. — Ah ! mon Dieu !

Elle sort précipitamment.

Gournay-Martin, *étouffant.* — Lupin !... Préfecture de police... téléphonez !

Germaine, *entrant à droite.* — Papa, si vous voulez arriver à l'heure pour dîner chez nos voisins... *(Voyant son père.)* Eh bien, qu'est-ce qu'il y a ?

Le Duc. — C'est cette lettre, une lettre de Lupin.

Sonia, *entre par le fond avec un verre d'eau et un flacon de sels.* — Voilà un verre d'eau.

Gournay-Martin. — Firmin d'abord, où est Firmin ?

Firmin, *entrant.* — Est-ce qu'il faut encore un verre d'eau ?

Gournay-Martin, *se précipitant sur lui.* — Cette lettre, d'où vient-elle ? Qui l'a apportée ?

Firmin. — Elle était dans la boîte de la grille du parc. C'est ma femme qui l'a trouvée.

Gournay-Martin, *affolé.* — Comme il y a trois ans. C'est le même coup qu'il y a trois ans ! Ah ! mes enfants, quelle catastrophe !

Le Duc. — Voyons, ne vous affolez pas. Si cette lettre n'est pas une fumisterie...

Gournay-Martin, *indigné.* — Une fumisterie ! Est-ce que c'était une fumisterie, il y a trois ans ?

Le Duc. — Soit ! Mais alors, si ce vol dont on vous menace est réel, il est enfantin et nous pouvons le prévenir.

Gournay-Martin. — Comment ça ?

Le Duc. — Voyons : dimanche 3 septembre... Cette lettre est donc écrite d'aujourd'hui ?

Gournay-Martin. — Oui. Eh bien ?

Le Duc. — Eh bien ! Lisez ceci : « Je me livrerai demain matin dans votre hôtel de Paris à une respectueuse perquisition »... Demain matin !...

GOURNAY-MARTIN. — C'est vrai ? Demain matin.

LE DUC. — De deux choses l'une, ou bien c'est une fumisterie, et il n'y a pas à s'en occuper, ou bien la menace est réelle et nous avons le temps.

GOURNAY-MARTIN, *tout joyeux.* — Oui, mais oui, c'est évident.

LE DUC. — Pour cette fois, le bluff du sieur Lupin et sa manie de prévenir les gens auront joué au bonhomme un tour pendable.

GOURNAY-MARTIN, *vivement.* — Alors ?

LE DUC, *de même.* — Alors, téléphonons.

TOUS — Bravo !

GERMAINE, *de même.* — Ah ! mais non, c'est impossible…

TOUS — Comment ?

GERMAINE, *de mêm.* — Il est six heures. Le téléphone avec Paris ne fonctionne plus. C'est dimanche.

GOURNAY-MARTIN, *s'effondrant.* — C'est vrai. C'est épouvantable !

GERMAINE. — Mais pas du tout, il n'y a qu'à télégraphier.

GOURNAY-MARTIN, *tout joyeux.* — Nous sommes sauvés !

SONIA — Ah ! mais non, impossible.

TOUS — Pourquoi ?

SONIA — La dépêche ne partira pas. C'est dimanche. À partir de midi, le télégraphe est fermé.

GOURNAY-MARTIN, *effondré.* — Ah ! quel gouvernement !

LE DUC. — Voyons, il faut en sortir… Eh bien, voilà, il y a une solution.

GOURNAY-MARTIN, *vivement.* — Laquelle ?

LE DUC. — Quelle heure est-il ?

GERMAINE. — Sept heures.

SONIA. — Sept heures moins dix.

GOURNAY-MARTIN. — Sept heures douze.

LE DUC. — Oui. enfin, dans les sept heures… Eh bien, je vais partir. Je prendrai l'auto. S'il n'y a pas d'accroc, je peux être à Paris vers deux ou trois heures du matin.

Il sort.

GOURNAY-MARTIN, *même jeu.* — Mais, nous aussi, nous allons partir. Pourquoi attendre à demain ? Nos bagages sont expédiés, partons ce soir. J'ai vendu la cent-chevaux, mais il reste le landaulet et la limousine, nous prendrons la limousine. Où est Firmin ?

FIRMIN, *apparaissant*. — Monsieur ?

GOURNAY-MARTIN, *vivement*. — Jean, le mécanicien, appelez-moi Jean.

GERMAINE, *même jeu*. — Nous arriverons avant les domestiques. Arriver dans une maison pas installée…

GOURNAY-MARTIN, *même jeu*. — J'aime mieux ça que d'arriver dans une maison cambriolée. Ah ! Et les clefs de la maison ? Il faut pouvoir rentrer chez nous.

JEAN, *qui est entré*. — Monsieur m'a demandé ?

GERMAINE. — Tu les as enfermées dans le secrétaire.

GOURNAY-MARTIN. — Oui, c'est vrai. Allez vous apprêter, maintenant. Allez vite. *(Elles sortent.)* Jean, nous partons, nous partons tout de suite pour Paris.

JEAN. — Bien, monsieur. Dans la limousine ou le landaulet ?

GOURNAY-MARTIN. — Dans la limousine. Dépêchez-vous. Ah ! ma valise !

Il sort à droite. Jean resté seul siffle. Apparait Charolais père suivi du troisième fils. Scène très rapide jouée sourdement.

Scène VII

CHAROLAIS PÈRE, *à voix basse*. — Eh bien ?

JEAN, *même jeu*. — Eh bien, quoi, ils partent, ils partent pour Paris. Naturellement !… chaque fois qu'on fait un coup, on a la manie d'avertir. C'était si simple de cambrioler l'hôtel à Paris sans envoyer de lettre. Ça les a tous affolés.

CHAROLAIS PÈRE, *même jeu, il fouille les meubles*. — Imbécile ! Qu'est-ce u'on risque ? C'est dimanche. Et les affoler, c'est ce qu'on a voulu. On a besoin de leur affolement pour demain, pour la suite et pour le diadème. Oh ! ce diadème ! mettre la main dessus.

JEAN. — Le diadème est à Paris.

CHAROLAIS PÈRE. — Je commence à le croire. Voilà trois heures que nous fouillons le château. En tout cas, je ne m'en vais pas sans les clefs.

35

JEAN. — Elles sont là, dans le secrétaire.

CHAROLAIS PÈRE, *courant au secrétaire.* — Animal ! Et tu ne le disais pas !

JEAN. — Mais le secrétaire est fermé.

CHAROLAIS PÈRE. — Poussière !

BERNARD CHAROLAIS, *entre.* — C'est fait, papa.

CHAROLAIS PÈRE. — Ton frère ?

BERNARD CHAROLAIS. — Il est aux communs. Il attend Jean.

CHAROLAIS PÈRE, *à Jean.* — Vas-y. Ah ! comment est la route pour Paris ?

JEAN. — Bonne. Mais avec le temps qu'il fait, il faudra prendre garde aux dérapages.

Il sort.

CHAROLAIS, *troisième fils, prenant le pendentif sur le chiffonnier.* — Oh ! papa, ce bijou ?

CHAROLAIS PÈRE, *vivement.* — Ne touche pas à ça. Ne touche pas à ça.

CHAROLAIS, *troisième fils.* — Pourtant… papa…

CHAROLAIS PÈRE — Ne touche pas à ça ! *(Le fils repose le bijou.)* Qu'est-ce que fait le pante ?

CHAROLAIS, *troisième fils, se dressant sur la pointe des pieds et regardant au-dessus des rideaux de la porte vitrée de droite.* — Il fait sa valise.

BERNARD CHAROLAIS. — Les autres doivent en faire autant.

CHAROLAIS PÈRE. — On a quelques minutes… *(Essayant de forcer le secrétaire.)* Pourtant, il nous faut ces clefs.

BERNARD CHAROLAIS. — On pourrait peut-être s'en passer.

CHAROLAIS PÈRE. — Nous verrons ça quand nous les aurons. Ah ! ça y est ! T'as les clefs de rechange ?

BERNARD CHAROLAIS. — Voilà. Il lui jette un trousseau de clefs.

CHAROLAIS PÈRE. — Oui, ça ressemble. *(Il met les clefs dans le tiroir qu'il referme.)* Filons, maintenant.

CHAROLAIS, *troisième fils.* — Attention ! Le pante.

Précipitamment, il se colle contre le mur à côté de la porte de droite. Charolais père et Bernard se collent contre le mur du côté du battant de gauche de la baie et derrière le piano. Gournay-Martin entre avec sa valise. Dès qu'il est entré, Charolais troisième fils sort de derrière la porte, entre dans la chambre et ferme la porte. Gournay-Martin, ahuri, se retourne. Au même instant, Charolais père se glisse en dehors, suivi de son troisième fils qui ramène violemment sur lui le battant de la baie. Un temps. Effarement de Gournay-Martin.

Scène VIII

Le Duc, *entrant de gauche avec sa valise, puis Germaine.* — Eh bien, nous partons. Germaine n'est pas encore descendue ? Allons, bon, qu'est-ce que vous avez encore ?

Gournay-Martin, *ahuri.* — Je ne sais pas... je ne sais pas... Il m'a semblé entendre... *(Il ouvre avec précaution la porte de droite.)* non, il n'y a personne. *(Il ferme la porte.)* Je vis dans un cauchemar, dans un cauchemar ! Ah ! mes clefs !

Il va au secrétaire, prend ses clefs et les met dans sa poche.

Firmin, *accourant, bouleversé.* — Monsieur ! Monsieur !

Tous. — Qu'est-ce qu'il y a ?

Firmin. — Jean, le mécanicien, il avait un bâillon sur la bouche... il était ligoté.

Tous. — Qu'est-ce que vous dites ?

Jean, *arrivant, il est dans un état effrayant, col arraché, cheveux en désordre.* — Enlevées... volées... les autos.

Tous. — Quoi ?

Gournay-Martin. — Parle... mais parle

Le Duc. — Qui les a volées ?

Jean. — Les quatre messieurs.

Gournay-Martin, *s'effondrant.* — Les Charolais !

Jean. — Il n'y a que la cent-chevaux qu'ils n'ont pas prise.

Le Duc. — Heureusement !

Gournay-Martin. — Ah ! c'est trop, cette fois c'est trop !

Germaine. — Mais comment n'avez-vous pas crié, appelé quelqu'un ?

Jean. — Appeler ! Est-ce que j'ai eu le temps ? Et puis quand même... tous les domestiques sont partis.

Gournay-Martin. — Épouvantable !

Le Duc, *à Gournay-Martin, vivement.* — Allons, allons, ce n'est pas le moment de manquer d'énergie. Puisqu'il reste la cent-chevaux, je vais la prendre.

Germaine, *vivement.* — Nous allons tous la prendre.

Gournay-Martin, *vivement.* — Voyons, tu es folle, il n'y a que deux baquets. *(On entend l'orage qui gronde. La pluie commence à tomber.)* Et puis regarde ça, regarde ce qu'il va tomber.

Germaine. — Oui, tu as raison.

Sonia. — Mais le train, il doit y avoir un train.

Gournay-Martin. — Un train, mais nous sommes à douze heures de Paris. À quelle heure arriverons-nous ?

Germaine. — L'important est de filer d'ici.

Gournay-Martin. — Ça, évidemment.

Le Duc. — Qu'ai-je fait de l'indicateur ? Ah ! oui, il est là !... *(Feuilletant.)* Paris ! Paris !

Gournay-Martin. — Eh bien, il y a un train ?

Le Duc. — Attendez ! *(À Gournay-Martin.)* Quelle heure est-il ?

Germaine, *vivement.* — Sept heures dix.

Sonia, *vivement.* — Sept heures moins vingt-quatre.

Gournay-Martin, *vivement.* — Sept heures.

Le Duc, *vivement.* — Oui... enfin... toujours dans les sept heures... Eh bien, vous avez le temps, vous avez un train à huit heures et demie.

Germaine. — Il y a un wagon-restaurant ?

Le Duc. — Oui, il y en a un, parfaitement, et vous arrivez à... cinq heures du matin.

Germaine. — On va être frais.

Gournay-Martin. — Tant pis. Tu veux partir ? Eh bien, il faut partir. *(À Jean.)* Vous êtes en état de mettre la cent-chevaux en marche ?

Jean, *qui est resté à l'écart et qui écoute avec attention.* — Ah ! pour ce qui est de l'état, monsieur, ça va bien, mais pour ce qui est de l'auto…

GOURNAY-MARTIN. — Comment ?

JEAN. — Monsieur sait bien… les pneus d'arrière sont crevés. Il faut bien une demi-heure…

GOURNAY-MARTIN. — Isolés ! c'est l'isolement ! plus moyen d'arriver à la gare.

JEAN. — Si monsieur et ces demoiselles veulent bien se contenter, on peut faire atteler.

TOUS. — Ah !

JEAN. — Il y a la charrette.

TOUS. — Ah !

GOURNAY-MARTIN. — Tant pis. À aucun prix il ne faut passer la nuit ici. Vous savez atteler, vous ?

JEAN. — Dame, une charrette ! Seulement je ne sais pas conduire.

GOURNAY-MARTIN. — Je conduirai moi-même.

GERMAINE. — Oh ! papa ! Eh bien, ça va être du propre.

GOURNAY-MARTIN. — Voyons, partez partez, *(Les poussant dehors, il revient.)* c'est la meilleure solution… Ah ! mais non.

LE DUC. — Quoi ?

GOURNAY-MARTIN. — Et le château ? Qui gardera le château ? Il faut au moins barricader… fermer les volets. J'ai bien confiance en Firmin, mais qui me dit qu'une fois que je serai parti, il s'en occupera, plutôt que d'aller boire la goutte ?

LE DUC. — Ne vous inquiétez pas, je resterai.

GOURNAY-MARTIN. — Et comment reviendrez vous ? J'ai besoin de vous à Paris.

LE DUC. — Eh bien, et la cent-chevaux ?

GOURNAY-MARTIN. — Les pneus !… les pneus sont crevés. Ah ! l'acharnement du sort.

LE DUC. — Ne vous affolez pas comme ça. Pendant qu'on vous conduira à la gare, Jean changera les pneus.

Entre Firmin.

GOURNAY-MARTIN, *vivement.* — Ah ! Firmin ! Justement… Voilà ! nous partons. Vous allez garder le château avec Jean.

FIRMIN. — Bien, monsieur.

GOURNAY-MARTIN. — Je m'attends à tout, Firmin. À un cambriolage, à n'importe quoi ! Souvenez-vous que vous étiez garde-chasse.

FIRMIN. — Que monsieur n'ait pas peur. J'ai vu la guerre de 1870. Seulement, où c'est que monsieur et ces dames s'en vont comme ça sur la charrette ?

GOURNAY-MARTIN. — À la gare, naturellement.

FIRMIN. — À la gare !

GOURNAY-MARTIN, *précipitamment.* — Mon Dieu ! Sept heures et demie, nous n'avons plus qu'une demi-heure. *(À Germaine qui entre avec sa valise à la main.)* Eh bien, tu es prête ? Où est Sonia ?

GERMAINE, *même jeu.* — Elle descend. Jacques, je ne peux pas fermer ma valise.

LE DUC. — Voilà... Eh bien, il est matériellement impossible de la fermer. Qu'est-ce que vous avez mis là dedans ?

GERMAINE, *même jeu.* — Eh bien, j'en ai mis trop, *(À Irma.)* portez-la comme ça dans la voiture.

IRMA, *sortant.* — Quelle affaire, mon Dieu !

FIRMIN, *entrant en courant.* — La charrette de monsieur est attelée.

SONIA, *arrivant à droite.* — Ah ! je suis prête. Mais je ne sais pas comment j'ai mis mon chapeau.

Elle va vers le chiffonnier et se regarde dans la glace qui le surmonte.

FIRMIN. — Seulement, monsieur, il n'y a pas de cocher.

GOURNAY-MARTIN. — Alors ? Je conduirai moi-même.

FIRMIN. — Il n'y a pas de lanterne non plus.

GERMAINE. — Pourvu qu'il y ait un train.

GOURNAY-MARTIN, *vivement.* — Au revoir, mon bon Jacques, arrivez à l'aube, et tout de suite, réveillez Guerchard... la préfecture... Je me fie à vous.

GERMAINE, *vivement.* — Au revoir, Jacques. Si vous pouvez emporter dans la cent-chevaux mes trois cartons à chapeaux...

GOURNAY-MARTIN, *vivement.* — Il s'agit bien de chapeaux ! Veux-tu venir ! Nous n'arriverons jamais.

GERMAINE, *vivement.* — Nous avons vingt-cinq minutes.

Gournay-Martin, *vivement.* — Oui, mais c'est moi qui conduis.
Ils sortent.

Germaine, *déjà dehors.* — Mon écrin ! J'ai oublié mon écrin !

Gournay-Martin, *dans la coulisse.* — Il n'y a plus le temps.

Germaine, *dans la coulisse.* — Jacques, sur le chiffonnier... je crois... mon écrin... cherchez-le.

Le Duc, *dehors.* — Oui, oui, dépêchons.

La scène reste vide un instant.

Scène IX
LE DUC, puis FIRMIN

Le Duc, *rentrant.* — Quel chien de temps ! *(Il sifflote.)* Et il y a encore de fameux éclairs. Voyons... L'écrin... Elle m'a dit : « Sur le chiffonnier ». *(Il le prend et l'ouvre, stupéfait.)* Hein ? Comment ! il est vide ! *(il revient vers la porte.)* Germaine ! Ah ! il est trop tard ! Ça, par exemple, vide !... Oh ! que je suis bête ! C'est Sonia ou la femme de chambre qui aura emporté les bijoux pour Germaine.

Firmin, *entrant. Il a un fusil en bandoulière, un ceinturon de garde-chasse, une gourde et un panier de provisions avec une bouteille qui surgit.* — Voilà mon fusil, mon picotin et ma gourde de rhum. Avec ça, le malandrin peut venir.

Le Duc. — Bravo, Firmin.

Firmin, *résolu.* — Le premier qui arrive, je lui tire dessus... Ah ! mais...

Le Duc. — En attendant, fermez les volets, je vais vous aider.

Firmin, *allant à la terrasse et fermant les volets avec le duc.* — Drôle d'idée tout de même qu'a eue le patron ! Pourquoi qu'il est allé à la gare !

Le Duc. — Probablement pour prendre le train.

Firmin. — Pas pour Paris, toujours, il n'y en a point.

Le Duc, *du dehors.* — Tirez donc plus fort... Il y a un train à huit heures douze.

Firmin. — Non point. Nous sommes le 3 septembre, c'est fini à partir de septembre.

Le Duc. — Vous radotez. J'ai consulté l'indicateur.

Firmin. — Et il y a ça dans l'indicateur ?

Jean, *entrant.* — Les pneus sont posés, monsieur le duc. Seulement… il ne fait pas un temps de chrétien.

Le Duc. — Ah ! j'en ai bien vu d'autres. *(Il met son manteau d'automobile, aidé par Jean.)* Vous resterez ici. Vous vous installerez dans l'aile gauche du château.

Jean. — Oui, M. Gournay-Martin m'a expliqué. Il y a donc du danger pour cette nuit ?

Le Duc. — Oh ! Je ne crois pas. M. Gournay-Martin était un peu affolé… mais enfin, à tout hasard, il vaut mieux être armé.

Jean. — J'ai là mon revolver, monsieur le duc.

Le Duc. — Parfait. Vous pouvez allumer les phares. J'arrive tout de suite. *(Jean sort.)* Voyons, j'ai tout ?… Eh bien, Firmin, je vous laisse… Vous avez votre gourde, votre fusil et votre picotin. Vous êtes un vieux militaire. Vous n'avez pas peur, hein ?

Firmin. — Non, pas encore.

Le Duc. — Firmin, vous êtes épatant ! Allons, bon courage, hein ! bon courage.

Il sort.

Scène X
FIRMIN, seul.

Firmin, *seul, à jouer, lentement, sensation de la peur.* — Huit heures douze ! Qu'est-ce que ça prouve, moi je sais bien qu'à partir de septembre… Il y a trop de lumière, ça se glisse à travers les volets… ça peut attirer le malandrin… *(Il baisse l'électricité.)* C'est égal, ça n'est pas prudent de laisser comme ça un homme tout seul, dans un château… Ils n'auraient qu'à venir et me bâillonner comme Jean tout à l'heure. Il y a du danger… J'aurais dû demander à ma femme de me tenir compagnie… Enfin, j'ai mon picotin, et j'ai le talon dans l'estomac. *(Il déploie tout sur la table et, se versant un verre de vin.)* Mais quel orage ! C'est-y permis de tonner comme ça ! C'est à peine si, avec le bruit du ciel, on entendrait venir le malandrin. *(Il commence à manger. On entend un bruit lointain. Il se lève effa-*

ré.) Nom de nom ! le voilà, le malandrin ! On marche, là ! *(Il prend son fusil. On frappe au volet.)* On a frappé. *(On frappe.)* Oh ! que j'ai peur : je n'ai pas eu peur comme ça depuis la guerre de 70… Nom de nom ! Ils n'auront pas ma peau. *(On essaye d'ouvrir la porte.)* Les malandrins, ils vont crocheter les volets. Qui va là ?

Une Voix. — Ouvrez.

Firmin. — Allez-vous-en ou je tire !

Une Voix. — Firmin, voulez-vous ouvrir ?

Firmin. — Comment qu'ils connaissent mon nom ?

Une Voix. — Voulez-vous ouvrir, nom de nom ! il tombe des seaux d'eau, ouvrez donc !

Firmin. — Comment, mais c'est la voix du patron !

Il donne la lumière et va ouvrir.

Scène XI

GOURNAY-MARTIN, GERMAINE, SONIA KRITCHNOFF, IRMA, *avec un parapluie retourné.*

Tous sont mouillés, dans un état lamentable.

Gournay-Martin, *se précipitant.* — L'indicateur ! Où est l'indicateur ? je vais porter plainte.

Il éternue.

Germaine. — Ah ! quelle soirée ! Pas de train avant minuit. Il va falloir passer quatre heures ici. Enfin, il y a à manger.

Elle s'assoit.

Gournay-Martin. — Huit heures douze, tenez, huit heures douze. Ça y est bien. Vous êtes témoins. Et c'est là dans l'indicateur officiel. Je vais porter plainte.

Germaine. — Oh ! quelle horreur ! On a bu dans ce verre-là !

Firmin. — Dame, c'est mon picotin.

Gournay-Martin, *qui examine toujours l'indicateur.* — Nom de nom !

Germaine et **Sonia,** *cette dernière s'est à son tour attablée et a tiré de sa valise un gobelet et un couvert de voyage.* — Hein ?

Gournay-Martin. — Cet indicateur, savez-vous de quand il date ?

FIRMIN. — Moi je le sais, monsieur.

GOURNAY-MARTIN, *furieux.* — Comment, vous le savez ?

FIRMIN. — Bien sûr, c'est mon indicateur, il date de l'Exposition.

RIDEAU

ACTE II

Un grand salon dévasté dans un hôtel ancien. À gauche, premier plan, une porte par laquelle entreront les gens qui viennent du dehors ; au fond, à gauche, en pan coupé, grande baie vitrée donnant sur un autre salon dévasté Au milieu de la pièce, une échelle double qui a servi aux cambrioleurs. Au fond, face au public, une fenêtre grande ouverte dont les volets sont brisés. L'un des volets est à moitié arraché et pend. Sur le rebord de la fenêtre, les montants supérieurs d'une échelle apparaissent. Un guéridon enjambe la fenêtre. La fenêtre donne sur les jardins de l'hôtel et sur une maison en construction. Au fond, à droite, en pan coupé, une grande cheminée en bois sculpté que masque un écran de tapisserie et des chaises renversées. À droite, deux portes : l'une au deuxième plan, condamnée, et devant laquelle est posé le coffre-fort : l'autre porte praticable, au premier plan. Aux murs, à gauche et à droite, galerie de tableaux, mais avec des vides. Dans chaque vide le nom d'Arsène Lupin est inscrit à la craie bleue.

Scène I

LE COMMISSAIRE, LE DUC, LE JUGE, LE SERRURIER

La scène est vide.

LE COMMISSAIRE, *entrant vivement.* — Oui, vous avez raison, monsieur le duc, c'est dans cette pièce que les cambrioleurs ont le mieux travaillé.

LE DUC. — Ce n'est pas étonnant, monsieur le commissaire, c'est ici que M. Gournay-Martin avait réuni ses plus précieuses collections. Puis il y avait aux portes des tapisseries flamandes du quinzième siècle, des merveilles, une composition charmante, de vieilles teintes fondues et colorées à la fois.

LE COMMISSAIRE, *respectueux et empressé.* — On voit que vous les aimez, monsieur le duc.

LE DUC. — Fichtre… d'autant plus que je les considérais déjà comme à moi. C'était le cadeau de noces personnel que m'offrait mon beau-père.

LE COMMISSAIRE. — Nous les retrouverons : soyez persuadé qu'un jour ou l'autre… Oh ! je vous en prie, monsieur le duc, ne touchez à rien. Il est nécessaire que le juge d'instruction se rende compte par lui-même… Le moindre objet dérangé peut le dérouter.

LE DUC, *remonte au fond.* — Vous avez raison. Ce qui m'inquiète, c'est la disparition de Victoire, la femme de charge.

LE COMMISSAIRE. — Moi aussi.

LE DUC, *tirant sa montre.* — Neuf heures et demie. Le juge d'instruction ne peut plus tarder.

LE COMMISSAIRE. — Non, il sera ici dans quelques minutes. Dès votre arrivée au commissariat, j'ai envoyé un exprès au parquet, avec un rapport sommaire, la lettre d'Arsène Lupin ou du soi-disant tel, l'escroquerie des automobiles, bref le résumé de vos déclarations et de vos premières découvertes. À l'heure qu'il est, le juge d'instruction en sait presque autant que nous. Évidemment, j'ai téléphoné aussi à la préfecture de police.

LE DUC. — Et à la Sûreté ?

LE COMMISSAIRE, *souriant.* — La Sûreté est un des services de la Préfecture.

LE DUC. — Ah ! je ne savais pas… Vous ne voyez pas d'inconvénients à ce que de mon côté je téléphone à Guerchard ?

LE COMMISSAIRE. — L'inspecteur principal ?

LE DUC. — Oui, mon futur beau-père m'en avait prié. *(Cherchant dans l'annuaire.)* Guerchard… Guerchard…

LE COMMISSAIRE. — 673-45.

LE DUC. — Merci. *(Téléphonant.)* Allô, 673-45. Alors, vous né croyez pas que Lupin soit l'auteur du vol ?

LE COMMISSAIRE. — Non… et d'ailleurs j'espère bien que non.

Le Duc. — Pourquoi ?

Le Commissaire. — Parce que si, par malheur, c'était Lupin, je craindrais fort qu'on ne retrouve pas la piste de ce gaillard-là.

Le Duc, *au téléphone.* — Pas libre ? Veuillez me resonner, mademoiselle. Et qui est-ce qui vous fait croire que ce n'est pas Lupin ?

Le Commissaire. — Lupin ne laisse pas de traces et ces traces-là sont très grossières.

Le Duc. — Mais la lettre qu'a reçue hier soir mon futur beau-père ? Et ces signatures à la craie bleue ? À la craie bleue, car c'est de la craie de savon.

Le Commissaire. — Oh ! monsieur le duc, ça peut être imité. Un moyen pour dépister les soupçons. Voilà trois fois qu'on nous fait le coup.

L'Agent, *entrant avec le serrurier.* — C'est fini, monsieur le commissaire, nous avons ouvert toutes les portes.

Le Commissaire, *au serrurier.* — Et vous les avez refermées ?

Le Serrurier. — Voici les clefs.

Le Duc. — Les serrures des portes qui étaient fermées à clef vous ont-elles paru intactes ?

Le Serrurier. — À moins qu'on ait eu des clefs de rechange, je réponds qu'on n'y a pas touché.

Le Duc. — Donc il n'y a rien de fracturé !

Le Serrurier. — Rien.

Le Duc. — Bizarre ! En tout cas les cambrioleurs connaissaient la place. Ils semblent n'avoir pénétré que dans les parties de l'hôtel où ils étaient sûrs de trouver des objets de prix.

Le Commissaire, *congédiant le serrurier.* — Bon !

L'agent et le serrurier se retirent.

Le Duc. — Je vous demande pardon… quel est encore le numéro de Guerchard ?

Le Commissaire. — 673-45.

Le Duc, *prenant l'appareil.* — Merci… 673-45. Guerchard va être stupéfait quand il saura… Allô ! Je suis chez M. Guerchard ? M. Guerchard lui-même ? Le duc de Charmerace. On a cambriolé l'hôtel de mon futur beau-père. Hein ! Comment ?… Vous saviez déjà… ? Vous vous prépariez à venir ? Ah ! mais… parfait… Oui…

le nom de Lupin, mais le commissaire a des doutes… Je vous en prie, n'est-ce pas ?

Il remet le récepteur.

L'AGENT, *annonçant.* — M. le juge d'instruction va monter.

LE COMMISSAIRE. — Le juge d'instruction, c'est M. Formery.

LE DUC. — Oui, c'est un juge d'instruction remarquable, paraît-il.

LE COMMISSAIRE, *étonné.* — On vous a dit qu'il était remarquable ?

LE DUC. — Il ne l'est pas ?

LE COMMISSAIRE. — Si… si… Seulement, jusqu'ici, il n'a pas eu beaucoup de veine ; chacune de ses instructions s'est transformée en erreur judiciaire ; tenez, le voici.

Le juge entre très important et très affairé.

LE COMMISSAIRE, *présentant.* — Monsieur le duc de Charmerace.

LE JUGE. — Monsieur le duc, je suis désolé, je suis tout à fait désolé. Fichtre, le volet brisé ! Ah ! ah ! (*Comme s'il faisait une découverte imprévue.*) On est entré et sorti par là.

LE DUC. — Oui, c'est certain.

LE JUGE, *regardant autour de lui.* — Hein, on vous a bien dévalisé, monsieur le duc… Tst… Tst… Oui, c'est bien ce que vous m'avez écrit, commissaire. Arsène Lupin, pss… (*À part, au commissaire.*) Ça va recommencer alors, cette plaisanterie.

LE COMMISSAIRE. — Je crois que cette fois, monsieur le juge, plaisanterie est le mot, car c'est un cambriolage pur et simple… escalade… effraction…

LE JUGE, *allant vers la fenêtre puis vers le coffre-fort.* — Souhaitons-le… Oui, en effet, les traces sont trop grossières. On n'a pas touché au coffre-fort, à ce que je vois.

LE DUC. — Non, heureusement. C'est là, je crois, du moins ma fiancée le croit, que mon beau-père enferme la pièce la plus précieuse de sa collection… un diadème.

LE JUGE. — Son fameux diadème de la princesse de Lamballe ?

LE DUC. — En effet.

LE JUGE. — Mais d'après votre rapport, commissaire, la lettre signée Lupin annonçait pourtant ce vol-là ?

Le Duc. — Formellement.

Le Commissaire. — C'est une preuve de plus, monsieur le juge, que nous n'avons pas affaire à Lupin. Ce bandit-là aurait mis sa menace à exécution.

Le Juge, *au duc.* — Qui donc gardait la maison ?

Le Duc. — Les deux concierges et une femme de charge.

Le Juge. — Oui, pour les deux concierges, je sais, je les ai interrogés tout à l'heure. Vous les avez trouvés ficelés et bâillonnés dans leur loge ?

Le Commissaire. — Oui, monsieur le juge, et toujours l'imitation de Lupin… bâillon jaune, corde bleue et, sur un bout de carton, cette devise : « Je prends, donc je suis. »

Le Juge, *à part, au commissaire.* — On va encore se payer notre tête dans les journaux. Ah ! je voudrais bien voir la femme de charge… où est-elle ?

Le Commissaire. — C'est que, monsieur le juge…

Le Juge. — Quoi ?

Le Duc — Nous ne savons pas où elle est.

Le Juge. — Comment vous ne savez pas ?

Le Duc — Non, nous ne l'avons trouvée nulle part.

Le Juge, *vivement.* — Mais, c'est excellent, ça, c'est excellent !… Nous tenons un complice.

Le Duc — Oh ! je ne crois pas… Tout au moins mon futur beau-père et ma fiancée avaient en elle la plus grande confiance… Hier encore, Victoire nous téléphonait au château, elle avait la garde de tous les bijoux.

Le Juge. — Eh bien, ces bijoux, ils ont été volés, cambriolés ?

Le Duc — On n'y a pas touché. On n'a cambriolé que les deux salons et cette pièce-ci.

Le Juge, *au duc.* — Ça, c'est très embêtant.

Le Duc. — Je ne trouve pas.

Le Juge. — Oui, enfin je me plaçais à un point de vue professionnel… On n'a pas bien cherché. Elle doit être quelque part, la femme de charge ! A-t-on regardé dans toutes les pièces ?

Le Commissaire. — Oh ! dans toutes les pièces, monsieur le juge.

LE JUGE. — Diable ! Diable ! Pas de lambeaux de vêtements ? pas de traces de sang ? pas de crime ? Rien d'intéressant ?

LE COMMISSAIRE. — Rien, monsieur le juge.

LE JUGE, *entre ses dents.* — Regrettable !… Où couchait-elle ?… Son lit est défait ?

LE COMMISSAIRE. — Elle couchait en haut, au dessus de la lingerie. Le lit est défait et il semble qu'elle n'ait pas emporté de vêtements.

LE JUGE, *grave.* — Extraordinaire !… Cette affaire là m'a l'air compliqué.

LE DUC. — Aussi, ai-je téléphoné à Guerchard, il va venir.

LE JUGE, *vexé.* — Oui, oh ! oui… oh ! vous avez bien fait ! M. Guerchard est un bon collaborateur… un peu énervant, un peu fantaisiste, un peu visionnaire, bref, un toqué. Mais quoi, c'est Guerchard… Seulement, comme Lupin est sa bête noire, il trouvera encore moyen de nous embêter avec cet animal-là. Vous allez voir encore mêler Lupin à tout cela.

LE DUC. — Dame ! *(Regardant les signatures.)* On l'y mêlerait à moins.

LE COMMISSAIRE. — Monsieur le juge, croyez-moi. C'est surtout en matière criminelle qu'il faut se défier des apparences… Oh ! non, je vous en prie, ne touchez à rien.

LE DUC, *qui s'est baissé.* — Oh ! ce n'est qu'un livre. *(Le remettant.)* Tiens !

LE JUGE. — Quoi donc ?

LE DUC. — Ça n'a peut-être pas d'importance, mais c'est certainement un livre que les voleurs ont fait choir de cette table.

LE JUGE. — Eh bien ?

LE DUC. — Eh bien, il y a une trace de pas sous ce livre.

LE JUGE, *incrédule.* — Une trace de pas sur un tapis ?

LE DUC. — Oui, le plâtre se voit sur un tapis.

LE JUGE, *se baisse. Le commissaire reste accroupi près de lui.* — Du plâtre… pour quelles raisons ?

LE DUC. — Supposez que les voleurs venaient du jardin ?

LE JUGE, *se relevant.* — Je le suppose.

Le Duc. — Eh bien, au bout du jardin il y a une maison en construction.

Le Juge. — C'est vrai… Dites toute notre pensée, continuez.

Le Duc. — Si les cambrioleurs ont essayé d'effacer les traces de pas sur le tapis, ils ont oublié de les effacer là où se trouvaient les objets que dans leur hâte ils avaient fait tomber.

Le Juge. — Oui.

Le Duc. — Et si, en effet, les cambrioleurs sont entrés par la fenêtre, ou sortis par là… je ne serais pas étonné que… sous ce coussin…

Le Juge, *vivement et reprenant la direction de l'enquête.* — Vous ne seriez pas étonné de trouver une trace de pas ?

Le Duc. — Non.

Le Juge. — Vous ne seriez pas étonné, mais moi je suis sûr !

Le Duc. — Oh !

Le Juge. — J'en suis sûr. Et la preuve. *(Il se baisse et soulève lentement le coussin.)* Regardez… *(Un silence. Il regarde le duc et d'un ton convaincu.)* Vous vous êtes trompé, monsieur le duc, il n'y a rien.

Le Duc. — Enfin, il y a toujours un guéridon qui enjambe cette fenêtre.

Le Juge. — Et une échelle, monsieur ! Et cette échelle vient de la maison en construction ! Je poursuivrai l'enquête de ce côté.

L'Agent, *entrant.* — Monsieur le juge, ce sont les domestiques qui arrivent de Bretagne.

Le Juge. — Qu'ils attendent dans la cuisine et dans les offices. *(L'agent sort. Le juge à qui le greffier a remis des papiers qu'il consulte, au duc.)* Ah ! j'ai quelques petites questions à vous poser, monsieur le duc… *(Les yeux sur le rapport.)* J'ai vu qu'hier soir, au château, avant même l'escroquerie des automobiles, vous aviez déjà surpris un vol, tout au moins une tentative de vol… Un des escrocs avait voulu prendre un pendentif.

Le Duc. — Oui, mais le malheureux suppliait. Alors, ma foi… Je le regrette maintenant.

Le Commissaire. — Est-ce que vous ne pensez pas, monsieur le juge, que cette escroquerie ait un rapport avec le cambriolage de cette nuit ?

LE JUGE, *convaincu.* — Oh ! du tout, aucun. *(Regardant le rapport.)* Vous êtes arrivé à six heures et demie… et, naturellement, personne ne vous a ouvert quand vous avez sonné à l'hôtel ?

LE DUC. — Naturellement… Aussitôt, j'ai réveillé un serrurier. J'ai été chercher le commissaire et c'est avec eux que j'ai pénétré dans la maison. Je crois avoir bien fait, n'est-ce pas ?

LE JUGE, *sérieux.* — Vous avez agi de la façon la plus correcte. Je vous en félicite. — Eh bien, maintenant, nous n'allons pas attendre Guerchard. Nous allons interroger les concierges.

Scène II
LE JUGE, LE COMMISSAIRE, LE DUC, LA CONCIERGE, LE CONCIERGE

« **LE JUGE.** — Entrez, ne vous troublez pas, asseyez-vous. Voyons, vous êtes remis ? *(Ils s'assoient tous les deux.)* Vous êtes en état de répondre ?

» **LE CONCIERGE.** — Oh ! oui… On nous a un peu bousculés, mais on ne nous a pas fait de mal.

» **LA CONCIERGE.** — On a même pris son café au lait !

» **LE CONCIERGE.** — Oh ! oui !

» **LE JUGE.** — Allons, tant mieux… Voyons, vous dites qu'on vous a surpris pendant votre sommeil, mais que vous n'avez rien vu ni rien entendu ?

» **LE CONCIERGE.** — Dame ! on n'a pas eu le temps, ça a été fait… on n'aurait pas pu dire ouf !

» **LE JUGE.** — Vous n'avez pas entendu des bruits de pas dans le jardin ?

» **LE CONCIERGE.** — Oh ! monsieur le juge, de notre loge, on n'entend rien du jardin !

» **LA CONCIERGE.** — Même la nuit, quand monsieur avait son chien, le cabot réveillait toute la maison, il n'y avait que nous qui dormions bien.

» **LE JUGE,** *à lui-même.* — S'ils dormaient aussi bien, je me demande pourquoi on les a bâillonnés. *(Aux concierges.)* Voyons, vous n'avez pas entendu de bruit à la porte ?

» LE CONCIERGE. — À la porte… ? Rien !

» LE JUGE. — Alors, de toute la nuit, vous n'auriez rien entendu du tout ?

» LE CONCIERGE. — Ah ! Si… dès que nous avons été bâillonnés, spa.

» LE JUGE. — Oh ! mais c'est important, ça… Et d'où venait le bruit ?

» LE CONCIERGE. — Eh bien, d'ici, la loge est juste au-dessous.

» LE JUGE. — Quel genre de bruit ?

» LE CONCIERGE. — Des bruits sourds, des bruits de pas et comme si on cassait des meubles.

» LE JUGE. — Vous n'avez pas entendu des bruits de lutte, des cris comme si on entraînait quelqu'un ?

» LES DEUX CONCIERGES, *se regardant.* — Non.

» LE JUGE. — Vous en êtes bien sûrs ?

» LES DEUX CONCIERGES. — Oui.

» LE JUGE. — Hum ! Il y a combien de temps que vous êtes au service de M. Gournay-Martin ?

» LES DEUX CONCIERGES. — Il y a un an.

» LE JUGE. — C'est bien, je vous reverrai tout à l'heure. *(Les deux concierges se lèvent à ce moment. L'agent entre et remet une liasse de papiers au juge.)* Attendez !… *(D'un ton plus sévère, au concierge.)* Ah ! mais, mais, dites donc, je vois que vous avez été condamné deux fois…

» LE CONCIERGE. — Monsieur le juge, mais…

» LA CONCIERGE, *vivement.* — Mon mari est un honnête homme, monsieur, vous n'avez qu'à demander à monsieur le duc !

» LE JUGE. — Je vous en prie ! *(Au concierge.)* Vous avez eu une première condamnation à un jour de prison avec sursis et une deuxième condamnation où vous avez fait trois jours de prison. *(Au commissaire.)* Oui, regardez…

» LE CONCIERGE. — Dame ! monsieur le juge, je ne peux pas nier, mais c'est de la prison honorable.

» LE JUGE. — Comment ?

» **Le Concierge.** — Oui, monsieur le juge, la première fois, j'étais alors valet de chambre, c'est pour avoir crié, le premier mai : « Vive la grève ! »

» **Le Juge.** — Vous étiez valet de chambre chez qui ?

» **Le Concierge.** — Chez M. Jaurès.

» **Le Juge.** — Ah ! bon, et votre deuxième condamnation ?

» **Le Concierge.** — C'est pour avoir crié sur le seuil de Sainte-Clotilde : « Mort aux vaches ! »

» **Le Juge.** — Hein ! Et vous serviez alors chez M. Jaurès ?

» **Le Concierge.** — Non, chez M. Baudry d'Asson.

» **Le Juge.** — Vous n'avez pas de convictions politiques bien arrêtées.

» **Le Concierge.** — Si ! Je suis dévoué à mes maîtres.

» **Le Juge.** — C'est bien, vous pouvez vous retirer. *(Ils sortent.)* Ces imbéciles-là disent l'absolue vérité ou je ne m'y connais plus.

» **Le Duc.** — Oh ! je crois que ce sont de braves gens. »

Le Juge, *au commissaire.* — Sur ce, commissaire, nous allons visiter la chambre de Victoire… *(Au duc.)* Ce lit défait ne m'inspire qu'une médiocre confiance. « Ce bloc enfariné ne me dit rien qui vaille. »

Le Duc. — Je vous accompagne ? Je ne suis pas indiscret ?

Le Juge. — Vous plaisantez ! Tout ceci vous touche d'assez près.

Ils sortent. La scène reste vide un moment.

Scène III
GUERCHARD, UN AGENT

L'Agent, *empressé.* — Je vais prévenir M. le juge de l'arrivée de monsieur Guerchard.

Guerchard. — Non, ce n'est pas la peine, ne dérangez personne pour moi… Je n'ai aucune importance.

L'Agent, *protestant.* — Oh !

Guerchard, *inspectant des yeux.* — Aucune… Pour l'instant, c'est le juge d'instruction qui est tout… Je ne suis qu'un auxiliaire.

L'Agent. — Le juge d'instruction et le commissaire visitent la chambre de la femme de charge. C'est tout là-haut, on prend l'escalier de service, on tourne par le corridor. Monsieur l'inspecteur veut-il que je l'y mène ?

GUERCHARD, *sortant son mouchoir.* — Non, je sais où c'est.

L'AGENT. — Ah !

GUERCHARD. — Oui, *(Il se mouche.)* j'en viens.

L'AGENT, *avec admiration.* — Ah ! monsieur Guerchard est plus malin à lui tout seul que tous les juges d'instruction réunis.

GUERCHARD, *se levant.* — Il ne faut pas dire ça, mon ami. Je ne puis vous empêcher de le penser, mais il ne faut pas le dire.

Il se dirige vers la fenêtre.

L'AGENT, *montrant l'échelle.* — Monsieur l'inspecteur a remarqué. Il est possible que c'est par cette échelle que sont arrivés et repartis les cambrioleurs.

GUERCHARD, *patiemment.* — Merci, mon ami.

L'AGENT. — Ils ont même laissé un guéridon sur le rebord de la fenêtre.

GUERCHARD, *agacé, mais poli, souriant.* — Oui, merci.

L'AGENT. — Et on ne croit pas que ce soit Lupin. On croit que c'est un truc.

GUERCHARD. — Je vous remercie.

L'AGENT. — Monsieur Guerchard n'a plus besoin de moi ?

GUERCHARD, *souriant.* — Non, au contraire.

Sort l'agent. Guerchard, resté seul, allume une cigarette, va vers le coffre, puis ramasse un bouton qu'il examine, tout en restant accroupi. Il se dirige jusqu'à la cheminée, jette un regard sous le paravent, se relève en souriant, comme s'il comprenait, va vers le livre, le soulève, voit des traces de plâtre, calcule la distance vers la fenêtre à l'aide de pas égaux, examine les traces de plâtre qui sont sur la fenêtre, pareilles à celles qui sont sous le livre, aperçoit la maison en construction, enjambe et disparaît aux premiers mots du juge qui revient.

Scène IV

LE DUC, L'AGENT, puis GOURNAY-MARTIN, GERMAINE, puis
GUERCHARD

Le Juge, *toujours très important.* — C'est certain, le désordre de la chambre et du lit est voulu… Nous tenons un complice. Nous aurons au moins cette bonne nouvelle à annoncer à M. Gournay-Martin. À propos, à quelle heure arrive-t-il ?

Le Duc. — Je ne sais pas, il devait prendre le train de huit heures douze.

Le Juge. — Ils arriveront toujours assez tôt.

L'Agent, *entrant, solennel.* — Messieurs, c'est la famille.

Gournay-Martin arrivant par la porte de gauche avec Germaine.

Gournay-Martin, *d'une voix étranglée.* — Misérables ! *(Il va vers le petit salon.)* Bandits ! *(Il revient, voit le reste de la pièce.)* Canailles !

Il s'effondre.

Germaine. — Papa, ne crie plus, tu es enroué !

Gournay-Martin. — Oui ! oui ! ça ne sert à rien. *(criant de nouveau.)* Mon mobilier Louis XIV !… tous mes tableaux… mes merveilleux tableaux !…

Le Juge. — Monsieur Gournay-Martin… je suis désolé… je suis tout à fait désolé ! *(Gournay-Martin le regarde en hochant la tête. Il se présente.)* Monsieur Formery, juge d'instruction.

Gournay-Martin. — C'est une tragédie, monsieur le juge, c'est une tragédie.

Le Juge. — Ne vous désolez pas. Nous les retrouverons vos chefs-d'œuvre. Et puis, quoi, ils auraient pu faire pis. Votre diadème n'a pas été enlevé.

Le Duc, *près du coffre.* — Non. On n'a pas touché à ce coffre-fort. Voyez… il est intact.

Gournay-Martin. — C'est ça qui m'est égal… il était vide.

Le Duc. — Vide… mais votre diadème ?…

Gournay-Martin, *se retournant vers le juge, la voix sourde et terrifiée.* — Ah ! mon Dieu… On me l'a pris ?

Le Duc, *se rapprochant.* — Mais non, mais non… puisque ce coffre-fort…

Gournay-Martin. — Mais le diadème n'a jamais été dans ce coffre-fort-là… Il était… *(Bas au juge.)* A-t-on cambriolé ma chambre ?

LE JUGE. — Non.

LE DUC. — On n'a pénétré dans aucun des appartements du premier.

GOURNAY-MARTIN. — Ah !… Alors, je suis tranquille… le coffre-fort, dans ma chambre, n'avait que deux clefs… En voici une et l'autre est dans ce coffre-fort-là !

LE JUGE, *important, comme s'il avait sauvé le diadème.* — Vous voyez !

GOURNAY-MARTIN. — Je vois, je vois… *(Éclatant.)* je vois qu'on m'a dévalisé ! pillé !… Où est Guerchard ? Avez-vous une piste, un indice ?

LE JUGE, *d'un air entendu.* — Oui, Victoire, la femme de charge.

GERMAINE. — Victoire ?

GOURNAY-MARTIN. — Où est-elle ?

LE JUGE. — Elle a disparu.

GOURNAY-MARTIN. — Disparu ! mais il n'y a plus une seconde à perdre… il faut…

LE JUGE. — Voyons ! calmez-vous, calmez-vous. Je suis là.

LE DUC. — Oui, calmez-vous, voyons !

GOURNAY-MARTIN. — Vous avez raison, je suis calme.

LE JUGE. — Nous avons tout lieu de croire qu'il y a d'autres complices, que ce cambriolage a été préparé de longue main et à coup sûr par des gens qui, non seulement, connaissent votre maison, mais encore sont au courant de vos habitudes.

GOURNAY-MARTIN. — Oui !…

LE JUGE. — Je désirerais savoir si, auparavant, il n'y a jamais eu de vol commis chez vous ? Vous a-t-on déjà volé ?

GOURNAY-MARTIN. — Il y a trois ans…

LE JUGE. — Je sais…

GOURNAY-MARTIN. — Mais depuis, ma fille, elle, a été volée.

LE JUGE. — Ah !

GERMAINE. — Oui, depuis trois ans.

LE JUGE. — Ah ! par exemple… mais il eût fallu nous prévenir ! C'est très intéressant, voyons, c'est capital ! Et c'est Victoire que vous soupçonnez ?

GERMAINE. — Oh ! non, les deux derniers vols ont été commis au château et Victoire se trouvait à Paris.

LE JUGE, *après un silence.* — Tant mieux… tant mieux. Voici qui confirme notre hypothèse…

GOURNAY-MARTIN. — Laquelle ?

LE JUGE, *pensif.* — Laissez ! Eh bien, voyons, mademoiselle, ces vols ont commencé chez vous, il y a trois ans ?

GERMAINE. — Vers le mois d'octobre ?

LE JUGE. — Et c'est au mois d'octobre 1905 que monsieur Gournay-Martin, après une première lettre de menaces était, comme aujourd'hui, victime d'un cambriolage.

GOURNAY-MARTIN. — Ah ! Oui ! Les canailles !

LE JUGE. — Il serait donc intéressant de savoir quel est celui de vos domestiques qui est entré à votre service il y a trois ans ?

GOURNAY-MARTIN. — Victoire n'est chez nous que depuis un an.

LE JUGE, *dérouté, après un temps.* — Précisément. *(À Germaine.)* Mademoiselle, quel est le dernier vol dont vous avez été victime ?

GERMAINE. — Il remonte à deux mois. On m'a volé une broche avec des perles et pouvant former pendentif… un peu comme le pendentif que vous m'avez donné, Jacques.

LE JUGE, *à Germaine.* — Ah ! Pourrais-je voir ce pendentif ?

GERMAINE. — Oui. *(Au duc.)* Vous l'avez, n'est-ce pas ?

LE DUC. — Je l'ai… j'ai l'écrin.

GERMAINE. — Comment l'écrin ?

LE DUC. — Oui, l'écrin était vide.

GERMAINE. — Vide ? Non, c'est impossible.

LE DUC. — À peine étiez-vous sortie… j'ai ouvert l'écrin sur le chiffonnier et il était vide ?

LE JUGE. — Ce pendentif, ne l'aviez-vous pas déjà surpris aux mains du jeune Charolais ?

LE DUC. — Oui… Trois quarts d'heure auparavant, il pouvait être six heures.

GERMAINE. — Je réponds qu'à sept heures et demie, quand je suis montée m'habiller, dix minutes avant de partir, le pendentif était dans l'écrin, sur le chiffonnier.

GOURNAY-MARTIN. — Un vol ! On l'a volé !

LE DUC. — Mais non… C'est Irma, certainement, qui l'aura emporté pour vous, ou bien Mlle Kritchnoff.

GERMAINE. — Pas Mlle Kritchnoff, toujours… puisqu'elle m'a dit dans le train : « Pourvu que le duc n'ait pas oublié d'emporter votre pendentif ! »

LE DUC. — Alors, c'est Irma.

GERMAINE, *appelant.* — Irma ! Irma !

IRMA, *entrant à gauche.* — Mademoiselle…

GERMAINE. — Ah ! justement, Irma…

LE JUGE. — Non, pardon. *(À Irma.)* Mademoiselle, approchez… ne vous troublez pas… Avez-vous emporté le pendentif pour votre maîtresse ?

IRMA. — Moi… non, monsieur.

LE JUGE. — Vous en êtes sûre ?

IRMA. — Dame !… oui ! monsieur. D'ailleurs, est-ce que mademoiselle ne l'avait pas laissé sur le chiffonnier ?

LE JUGE. — Comment savez-vous ça ?

IRMA. — Parce que mademoiselle, en partant, a crié à monsieur le duc d'emporter l'écrin. Même que j'ai fait la réflexion que c'était peut-être Mlle Kritchnoff qui aurait pu le mettre dans son sac.

LE DUC, *vivement.* — Mlle Kritchnoff !… Dans quel but ?

IRMA. — Dans le but de le rapporter pour mademoiselle.

LE JUGE. — Et pourquoi aviez-vous pensé cela ?

IRMA. — Parce que j'avais vu Mlle Kritchnoff devant le chiffonnier.

LE JUGE. — Ah ! et c'est sur le chiffonnier qu'était le pendentif ?

IRMA. — Oui, monsieur.

Un silence.

LE JUGE. — Vous êtes au service de mademoiselle depuis longtemps ?

IRMA. — Depuis six mois, monsieur.

LE JUGE. — C'est bien, vous pouvez vous retirer… Non, par ici, j'aurai peut-être besoin de vous tout à l'heure. *(Sort Irma à droite. Au commissaire.)* Nous allons interroger Mlle Kritchnoff.

LE DUC, *vivement*. — Mlle Kritchnoff est au-dessus de tout soupçon.

GERMAINE. — Oui, c'est mon avis.

LE JUGE. — Mlle Kritchnoff est entrée chez vous depuis combien de temps, mademoiselle ?

GERMAINE, *réfléchissant*. — Tiens.

LE JUGE. — Quoi donc ?

GERMAINE. — Il y a précisément trois ans.

LE JUGE. — Précisément au moment où les vols ont commencé ?

GERMAINE. — Oui.

Sensation.

LE JUGE, *à l'agent*. — Priez Mlle Kritchnoff de venir.

L'AGENT. — Bien, monsieur.

LE DUC. — Non, je sais où elle est, je vais la chercher. Il va pour sortir.

GUERCHARD, *apparaissant au haut de l'échelle*. — Ah !… mais non !…

TOUS, *se retournant*. — Hein ?

GUERCHARD, *à l'agent*. — Agent, allez-y !

Sort l'agent.

LE DUC. — Pardon, mais…

GUERCHARD, *descendant de l'échelle*. — Ne vous froissez pas, monsieur le duc… mais monsieur le juge est de mon avis ; ce serait tout à fait irrégulier.

Il va vers le juge et lui donne la main.

LE DUC, *se rapprochant*. — Mais, monsieur…

GUERCHARD. — Monsieur Guerchard, inspecteur principal de la Sûreté.

LE DUC. — Ah ! enchanté. Nous vous attendions avec impatience.

Ils se donnent la main.

LE JUGE. — Que faisiez-vous donc sur cette échelle ?

GUERCHARD. — J'écoutais… Et je vous félicite. Vous avez mené l'enquête d'une façon remarquable. Nous différons d'avis sur deux ou trois petits points… mais c'est remarquable. *(Saluant.)* Monsieur Gournay-Martin, mon cher commissaire…

Ils s'installent autour de la table. L'agent de police entre et vient dire quelques mots au juge.

Le Juge, *surpris, bas.* — Elle sortait donc ?

L'Agent. — Elle demandait à sortir.

Le Juge, *bas.* — Montez dans sa chambre et fouillez sa malle.

Guerchard, *qui a entendu.* — Ce n'est pas la peine.

Le Juge. — Ah ! *(Il répète à l'agent d'un ton vexé.)* Ce n'est pas la peine.

Scène V
Les mêmes, SONIA

Sonia est entrée. Elle a gardé son costume de voyage et son manteau sur le bras. Elle s'arrête, étonnée.

Le Juge. — Approchez, mademoiselle. *(Commençant l'interrogatoire.)* Mademoiselle…

Guerchard, *doucement, avec tant de déférence que le juge ne peut refuser.* — Voulez-vous me permettre ? *(Le juge, furieux, s'efface et tourne le dos. Guerchard, à Sonia, avec bonhomie.)* Mademoiselle, il se passe un fait sur lequel monsieur le juge a besoin de quelques renseignements. On a volé le pendentif que monsieur le duc a donné à mademoiselle Gournay-Martin.

Sonia. — On a volé !… vous êtes sûr ?

Guerchard. — Absolument. Le vol s'est produit dans des conditions très déterminées. Mais nous avons tout lieu de supposer que le coupable, pour n'être pas pris sur le fait, a caché le bijou dans le sac ou la valise d'une autre personne, de sorte que…

Sonia, *vivement.* — Ma valise est dans ma chambre, monsieur, voici la clef.

Pour prendre la clef dans son sac elle dépose son vêtement sur le canapé. Il glisse à terre. Le duc, qui ne l'a pas quittée des yeux, s'approche, ramasse le vêtement, fouille dans les poches, en retire un papier de soie, le déplie, trouve le pendentif, remet le papier, pose le vêtement et s'éloigne.

Guerchard. — C'est absolument inutile. Vous n'avez pas d'autres bagages ?

Sonia. — Si, ma malle… elle est là-haut, ouverte.

Guerchard. — Mais vous alliez sortir, je crois ?

Sonia. — Je demandais la permission… deux ou trois courses à faire.

Guerchard. — Monsieur le juge, vous ne voyez aucun inconvénient à laisser sortir mademoiselle ?

Le Juge. — Aucun.

Guerchard, *à la jeune fille qui s'éloigne.* — Vous n'emportez que ce sac ?

Sonia, *le lui tendant.* — Oui… j'ai là mon argent… mon mouchoir.

Guerchard, *plongeant son regard dans le sac.* — Inutile. Je ne suppose pas qu'on ait eu l'audace… *(Sonia va pour sortir. Elle fait un pas, hésite, puis revient et prend son vêtement. Guerchard, vivement.)* Voulez-vous me permettre ?

Sonia. — Merci, je ne le mets pas.

Guerchard, *doucereux et tout en insistant.* — Oui… mais on a pu… avez-vous bien regardé dans les poches ?… Tenez, on dirait que celle-ci…

Sonia, *effrayée, mettant sa main crispée sur la poche.* — Mais, monsieur, c'est abominable… Quoi !… vous avez l'air…

Guerchard. — Je vous en prie, mademoiselle, nous sommes parfois obligés…

Le Duc, *sans bouger, la voix nette.* — Mademoiselle Sonia, je ne vois pas en quoi cette petite formalité peut vous déplaire.

Sonia. — Mais…

Le Duc, *la regardant fixement.* — Vous n'avez aucune inquiétude à avoir.

Sonia regarde le duc et cesse de résister. Guerchard fouille dans la poche désignée. Il y trouve le papier et le déplie.

Guerchard, *entre ses dents.* — Plus rien. *(Tout haut.)* Je vous adresse toutes mes excuses, mademoiselle.

Sonia va pour sortir et chancelle.

Le Duc, *se précipitant.* — Vous vous trouvez mal ?

Sonia, *bas.* — Merci, merci, vous m'avez sauvée.

GUERCHARD. — Je suis sincèrement désolé !

SONIA. — Non, ça ne fait rien.

Elle sort.

GERMAINE, *à son père.* — Cette pauvre Sonia !… Je vais lui parler !

Ils sortent tous trois.

LE JUGE, *à part.* — Vous vous êtes lourdement trompé, Guerchard.

GUERCHARD, *qui n'a cessé de tenir le papier entre ses mains et de l'examiner.* — Je voudrais que personne ne sorte sans un mot de moi.

LE JUGE, *souriant.* — Personne, excepté Mlle Sonia ?

GUERCHARD. — Elle moins que tout autre.

LE JUGE. — Comprends pas.

L'AGENT, *entrant vivement.* — Monsieur le juge ?

LE JUGE, *se retournant.* — Quoi ?

L'AGENT. — Dans le jardin… on a trouvé ce lambeau d'étoffe au bord du puits. Les concierges ont reconnu que c'était un morceau d'une robe à Victoire.

LE JUGE. — Sacrebleu !

Il prend le morceau d'étoffe.

GOURNAY-MARTIN. — Voilà l'explication !… Un assassinat…

LE JUGE, *vivement.* — Il faut y aller… c'est possible après tout. D'autant plus qu'à propos du jardin il y a des traces de plâtre là sous ce livre. Je les ai découvertes. Oui, il faut y aller.

GUERCHARD, *calmement, sans bouger.* — Non, tout au moins il ne faut pas y aller pour chercher Victoire.

LE JUGE. — Pardon, mon cher ! mais ce lambeau d'étoffe…

GUERCHARD, *à Gournay-Martin.* — Ce lambeau d'étoffe ?… Avez-vous un chien ou, plutôt, un chat dans la maison ?

LE JUGE, *indigné.* — Guerchard.

GUERCHARD. — Pardon, c'est très important.

GOURNAY-MARTIN. — Oui, je crois, il y a une chatte, celle du concierge.

GUERCHARD. — Eh bien, voilà, ce lambeau d'étoffe a été apporté ici par la chatte… tenez, regardez les griffes.

LE JUGE. — Voyons ! c'est fou ! Ça ne tient pas debout. Il s'agit d'un assassinat, peut-être de l'assassinat de Victoire.

GUERCHARD. — Victoire n'a jamais été assassinée.

LE JUGE. — Mon cher, personne n'en sait rien.

GUERCHARD, *dialogue très rapide.* — Si… moi…

LE JUGE. — Vous ?

GUERCHARD. — Oui.

LE JUGE. — Alors, comment expliquez-vous qu'elle ait disparu ?

GUERCHARD. — Si elle avait disparu, je ne l'expliquerais pas.

LE JUGE, *furieux.* — Mais puisqu'elle a disparu.

GUERCHARD. — Non.

LE JUGE. — Vous n'en savez rien.

GUERCHARD. — Si.

LE JUGE. — Hein ? Vous savez où elle est ?

GUERCHARD. — Oui.

LE JUGE. — Mais dites-nous tout de suite que vous l'avez vue ?

GUERCHARD. — Oui, je l'ai vue !

LE JUGE. — Vous l'avez vue ! Quand ?

GUERCHARD. — Il y a deux minutes.

LE JUGE. — Mais, sacrebleu, vous n'êtes pas sorti de cette pièce !

GUERCHARD. — Non.

LE JUGE. — Et vous l'avez vue ?

GUERCHARD. — Oui.

LE JUGE. — Mais, sacré nom d'un chien, dites nous alors où elle est, dites-nous-le.

GUERCHARD. — Mais vous ne me laissez pas parler.

LE JUGE, *hors de lui.* — Alors, parlez.

GUERCHARD. — Eh bien, voilà, elle est ici.

LE JUGE. — Comment ici. Comment serait-elle arrivée ici ?

GUERCHARD. — Sur un matelas.

LE JUGE. — Ah ça ! Guerchard, vous vous foutez du monde !

GUERCHARD. — Tenez. *(Il va vers la cheminée, écarte les chaises et le paravent. On aperçoit Victoire, bâillonnée, ligotée sur un mate-las. Stupéfaction.)* Hé là ! elle dort bien… Il y a encore par terre le masque de chloroforme. *(À l'agent.)* Emportez-la.

LE JUGE, *sévèrement, au commissaire.* — Vous n'aviez donc pas fouillé la cheminée, monsieur le commissaire ?

LE COMMISSAIRE. — Mais non !

LE JUGE. — C'est une faute, monsieur le commissaire, une faute impardonnable... Allons, vite, qu'on l'emporte... Mais, sapristi, vous avouerez qu'il était matériellement impossible... L'agent et le commissaire emportent Victoire.

GUERCHARD. — À quatre pattes, c'est possible. Quand on est à quatre pattes on voit deux talons qui dépassent. Alors, n'est-ce pas ?...

LE JUGE, *à Guerchard.* — Ça bouleverse tout. Dans ces conditions, je n'y comprends plus rien. Je suis complètement dérouté. Et vous ?

GUERCHARD, *bonhomme.* — Heu, heu !...

LE JUGE. — Vous n'êtes pas dérouté, vous ?

GUERCHARD. — Non. Est-ce que vous avez commencé votre enquête du côté du jardin ?

LE JUGE, *sursautant.* — J'allais la faire, naturellement ! D'autant que j'ai vu des choses intéressantes, une maison en construction.

Ils sortent.

Scène VI
LE DUC, puis SONIA, puis GUERCHARD

Le duc jette un coup d'œil sur la pièce à côté pour regarder si on ne le voit pas, puis il tire le pendentif de sa poche et le regarde.

LE DUC, *seul.* — Une voleuse !

SONIA, *entrant, affolée.* — Pardon ! Pardon !

LE DUC. — Une voleuse, vous !

SONIA. — Oh !

LE DUC. — Prenez garde, ne restez pas là.

SONIA, *même jeu.* — Vous ne voulez plus me parler ?

LE DUC. — Guerchard se doute de tout !... Il est dangereux que nous causions là.

SONIA. — Quelle opinion avez-vous de moi, maintenant ? Ah ! mon Dieu ! Mon Dieu !

Le Duc. — Parlez plus bas.

Sonia. — Ah ! que m'importe ! J'ai perdu l'estime du seul être à qui je tenais, peu m'importe tout le reste.

Le Duc, *regardant autour de lui.* — Nous nous retrouverons… cela vaut mieux.

Sonia, *assise.* — Non, non, tout de suite… Il faut que vous sachiez… il faut que je vous parle… Ah ! mon Dieu… je ne sais plus quoi vous dire. Et puis, c'est trop injuste après tout. Elle, Germaine, elle a tout. Hier, devant moi, vous lui avez remis ce pendentif… elle a souri… elle était orgueilleuse… j'ai vu sa joie. Alors, oui, je l'ai pris, je l'ai pris, je l'ai pris, et si je pouvais lui prendre sa fortune… je la hais.

Le Duc, *s'approchant.* — Quoi ?

Sonia. — Eh bien, oui… je la hais.

Le Duc. — Comment ?

Sonia. — Ah ! c'est une chose que je ne vous aurais pas dite… mais maintenant j'ose… j'ose parler… Eh bien… oui… je… je vous… je vous… *(Elle n'achève pas l'aveu, désespérée.)* Je la hais.

Le Duc, *s'inclinant un peu sur elle.* — Sonia !

Sonia, *continuant.* — Oh ! je sais, ça n'excuse rien, vous pensez : « C'est bien trouvé, mais elle n'en est pas à son premier vol. » Oui, c'est vrai, c'est le dixième, le vingtième peut-être. Oui, c'est vrai, je suis une voleuse, mais il y a une chose qu'il faut croire : depuis que vous êtes revenu, depuis que je vous ai connu, du premier jour où vous m'avez regardée, eh bien, je n'ai plus volé.

Le Duc. — Je vous crois.

Sonia. — Et puis, si vous saviez. Si vous saviez comment cela a commencé… l'horreur de ça…

Le Duc. — Je vous plains…

Sonia. — Oui, vous me plaignez, en me méprisant, avec dégoût ! Ah ! il ne faut pas ! Je ne veux pas !

Le Duc. — Calmez-vous, voyons.

Sonia. — Écoutez… Avez-vous jamais été seul, seul au monde ?… Avez-vous jamais eu faim ?… Pourtant dans la grande ville où j'agonisais, aux étalages, quand on n'a qu'à tendre la main… les pains… les pains d'un sou, c'est banal… c'est banal, n'est-ce pas ?

LE DUC. — Continuez.

SONIA. — Eh bien, non, je ne l'ai pas fait. Mais ce jour-là je mourais, vous entendez, je mourais… Une heure après, je frappais à la porte d'un homme que je connaissais un peu. C'était ma dernière ressource… Je fus contente d'abord… il me donna à manger… à boire… du champagne… et puis, il me parla, il m'offrit de l'argent…

LE DUC. — Quoi ?

SONIA. — Non, je n'ai pas pu… Alors, je l'ai volé… j'aimais mieux ça ! C'était plus propre ! Ah ! j'avais des excuses alors. J'ai commencé à voler pour rester une honnête femme… J'ai continué pour avoir l'air d'une femme honnête. Vous voyez… je plaisante. Ah ! mon Dieu ! Ah ! mon Dieu !

Elle pleure.

LE DUC. — Pauvre petite !

SONIA. — Oh ! vous avez pitié… vous êtes ému.

LE DUC, *levant la tête.* — Ma pauvre petite Sonia.

SONIA, *se levant.* — Ah ! *(Ils se regardent un instant, très près l'un de l'autre.)* Adieu ! Adieu…

Il hésite, comme s'il allait parler, mais il entend du bruit et s'éloigne d'elle. Elle va pour sortir. Entre Guerchard.

GUERCHARD. — Ah ! mademoiselle… je vous cherchais… *(Sonia s'arrête.)* Le juge a changé d'avis. Il est impossible que vous sortiez… C'est une mesure générale.

SONIA. — Ah !

GUERCHARD. — Nous vous serions même très obligés de monter dans votre chambre. On vous servira votre repas là-haut.

SONIA. — Comment !… mais, monsieur !… *(Après un temps elle regarde le duc, il fait signe qu'elle peut obéir.)* Bien… je vais monter dans ma chambre !

Elle sort.

Scène VII
LE DUC, GUERCHARD, LE JUGE, LE COMMISSAIRE

Le Duc. — Monsieur Guerchard… une pareille mesure…

Guerchard. — Ah ! monsieur le duc, je suis désolé, mais c'est mon métier… ou si vous préférez mon… devoir… D'autant qu'il se passe des choses que je suis encore seul à savoir et qui ne sont pas claires. Votre futur beau-père vient de se mettre au lit, ayant reçu ce télégramme.

Il lui tend un télégramme.

Le Duc, *jetant un rapide coup d'œil et haussant les épaules.* — Oh !… et vous avez coupé là dedans… quelle fumisterie !

Guerchard. — Euh ! Euh !…

Le Duc, *au juge et au commissaire qui entrent.* — Voyons, messieurs, je vous fais juges. Mon futur beau-père a reçu ce télégramme et monsieur que voici le prend au sérieux.

Le Juge. — Ah ! Donnez… *(Il lit.)* « Mille excuses de n'avoir pu tenir promesse pour diadème, avais rendez-vous aux Acacias. Prière préparer ce soir diadème dans votre chambre. Viendrai sans faute le prendre entre minuit moins un quart et minuit. Votre affectueusement dévoué, Arsène Lupin. » C'est idiot !… Comment, vous, Guerchard, un homme… Eh bien, où est-il passé ?

Le Commissaire. — Il a dû sortir.

Le Juge. — Tant mieux, nous pourrons dire deux mots librement. Messieurs, il faut nous défier de Guerchard. Quand il croit avoir affaire à Lupin, il perd la boule. Ah ça ! messieurs, si Lupin était venu cette nuit, si Lupin avait convoité le diadème, il aurait cambriolé, tout au moins essayé de cambrioler, soit le coffre-fort de la chambre de Gournay-Martin dans lequel se trouve le diadème, soit ce coffre-fort *(Allant au coffre-fort.)* qui est ici et dans lequel se trouve la seconde clef.

Le Commissaire. — Évidemment.

Le Juge. — S'il n'a rien essayé cette nuit, quand il avait la partie belle, que l'hôtel était vide, il n'essayera pas maintenant que nous sommes prévenus, que la police est sur pied, et que l'hôtel est cerné !… Messieurs, cette dernière supposition est enfantine et inquiétante pour la mentalité de Guerchard !

Il s'est appuyé sur le coffre-fort. À ce moment, il chancelle, la porte s'est ouverte brusquement. Guerchard sort du coffre-fort.

Tous. — Hein ?

GUERCHARD. — Vous savez qu'on entend très bien d'ici.

LE JUGE. — Nom de nom ! Comment êtes-vous entré là dedans ?

GUERCHARD. — Entrer n'est rien… c'est sortir qui est dangereux. On avait laissé une cartouche sourde. J'ai failli sauter avec la porte.

LE JUGE. — Comment êtes-vous entré, sacrebleu ?

GUERCHARD. — Par le cabinet noir ; il n'y a plus rien derrière…

TOUS. — Quoi ? Allons donc. *(Guerchard rentre dans le coffre et disparait.)* Ah ! *(Guerchard réapparait par la porte de droite, au premier plan.)* Ah !

GUERCHARD. — On a fait sauter la plaque de tôle… Ah ! c'est de la belle ouvrage !…

LE JUGE. — Et la clef ? la clef du coffre-fort de là-haut, lequel contient le diadème. Cette clef y est, n'est-ce pas ?

GUERCHARD. — Ah ! non… mais j'ai trouvé mieux.

TOUS. — Quoi ?

GUERCHARD. — Je vous le donne en mille !

LE JUGE. — Voulez-vous parler !

GUERCHARD. — Votre langue au chat ?

LE JUGE, *furieux.* — Guerchard !

GUERCHARD, *élevant un carton entre ses doigts.* — La carte d'Arsène Lupin !

LE JUGE. — Nom de nom !

RIDEAU

ACTE III

Il n'y a pas d'entr'acte entre le deuxième et le troisième acte. Même décor. La nuit : lampes allumées. La fenêtre du fond est fermée. La scène est vide.

Scène I
GUERCHARD, LE DUC

GUERCHARD, *penché sous le manteau de la cheminée.* — Ça va, monsieur le duc. Ça n'est pas trop lourd ?

LE DUC, *dans la cheminée, invisible.* — Non.

GUERCHARD. — Le passage est suffisant ? Vous tenez bien la corde ?

LE DUC. — Oui... Attention !

Guerchard fait un bond en arrière. On entend un bruit formidable dans la cheminée, c'est un bloc de marbre qui est tombé.

GUERCHARD. — Nom d'un chien ! Encore un peu... j'y étais ! Ouf ! J'ai eu chaud. Vous avez donc lâché la corde ?

LE DUC. — C'est elle qui a lâché. Vous l'aviez mal attachée. *(Il est descendu et apparaît recouvert d'un cache-poussière qu'il enlève. Il est en habit.)* Mais vous avez raison, la piste est claire.

GUERCHARD. — Mais oui ! L'autre était enfantine. Les traces de pas dans le jardin, l'échelle, le guéridon sur le rebord de la fenêtre... C'est une piste qui ne tenait pas debout. C'est une piste pour juge d'instruction. Nous avons perdu toute une journée.

LE DUC. — Alors, la piste vraie ?...

GUERCHARD. — Nous venons de la voir ensemble. Les deux hôtels, celui-ci et l'immeuble voisin, lequel est inoccupé, communiquent.

LE DUC. — C'est une façon de parler... Ils communiquent par l'ouverture que Lupin et sa bande ont pratiquée dans le corps de la cheminée.

GUERCHARD. — Oui. C'est un truc assez connu. Les vols chez les grands bijoutiers s'opèrent parfois ainsi. Mais ce qui donne au procédé un cachet assez nouveau et de prime abord déroutant, c'est que les bandits ont eu l'audace de percer à trois mètres du foyer un orifice assez large pour pouvoir cambrioler tout un mobilier.

LE DUC. — C'est vrai, l'orifice s'ouvre en véritable baie dans une pièce de l'immeuble voisin, au deuxième étage. Ces brigands sont capables de tout, même d'un travail de maçonnerie.

GUERCHARD. — Oh ! tout cela a été préparé de longue main ; mais, maintenant, je suivrais leur piste, chacun de leurs pas, les yeux fermés. Car toutes les preuves nous les avons... fragments de cadres dorés, fils de tapisserie, etc... Une fois le cambriolage effectué, l'immeuble voisin étant vide, ils ont pu descendre tranquillement par l'escalier et sortir par la grande porte.

LE DUC. — Ils sont descendus par l'escalier, vous croyez ?

GUERCHARD. — Je ne crois pas, j'en suis sûr. Tenez, ces fleurs, je les ai trouvées dans l'escalier, elles sont encore fraîches.

LE DUC. — Hein ! mais j'ai cueilli des fleurs semblables hier à Charmerace. C'est du salvia.

GUERCHARD. — Du salvia rose, monsieur le duc ! Je ne connais qu'un jardinier qui ait réussi à obtenir cette nuance. C'est le jardinier de M. Gournay-Martin.

LE DUC. — Mais alors… les voleurs de cette nuit… mais oui… ça ne peut être…

GUERCHARD. — Allez… dites votre idée.

LE DUC. — Les Charolais.

GUERCHARD. — Parbleu !

LE DUC. — C'est vrai… C'est passionnant. Ah ! si l'on pouvait avoir une preuve !

GUERCHARD. — Nous l'aurons tout à l'heure.

LE DUC. — Comment ça ?

GUERCHARD. — Oui, j'ai téléphoné à Charmerace. Le jardinier était absent, mais dès son retour, il m'appellera au téléphone. Nous saurons alors qui a pénétré dans les serres.

LE DUC. — C'est passionnant ! Ces indices… ces pistes qui se croisent… Chaque fait qui peu à peu reprend sa place normale… Passionnant !… Une cigarette ?

GUERCHARD. — C'est du caporal ?

LE DUC. — Non, du tabac jaune, du Mercédès.

GUERCHARD. — Merci.

LE DUC, *allumant une cigarette.* — Oui, passionnant. Alors, les voleurs venaient de Charmerace… Ce sont les Charolais… Ils sont partis de l'hôtel voisin et c'est par là qu'ils sont entrés.

GUERCHARD. — Ah ! non…

LE DUC. — Non ?

GUERCHARD. — Non, ils sont entrés par la porte de l'hôtel où nous sommes.

Le Duc. — Mais qui leur aurait ouvert ? Un complice, alors ?

Guerchard. — Oui.

Le Duc. — Qui ?

Guerchard, *il sonne. À Boursin qui entre.* — Fais venir Victoire, la femme de charge.

Le Duc. — Comment ! Victoire ! Le juge d'instruction l'a interrogée cet après-midi ; il semblait croire à son innocence.

Guerchard. — Oui… comme il semblait aussi n'ajouter qu'une importance secondaire à la piste de la cheminée, celle que nous venons de vérifier ensemble. L'innocence de Victoire ! Monsieur le duc, il y a certainement un innocent dans tout ceci. Savez vous qui c'est ?

Le Duc. — Non.

Guerchard. — Le juge d'instruction.

Scène II

Les mêmes, VICTOIRE

Boursin fait entrer Victoire.

Victoire, *entrant, à Boursin.* — On va encore me cuisiner ? *(Elle entre, à Guerchard.)* C'est-y qu'on va encore me cuisiner ?

Guerchard. — Asseyez-vous. Vous couchez dans une mansarde dont la lucarne donne sur le toit.

Victoire. — À quoi ça sert tout ça, à quoi ça sert ?

Guerchard. — Voulez-vous me répondre ?

Victoire. — J'ai déjà répondu, oui, à un autre juge. Même que celui-là est bien conciliant : mais vous, je sais point ce que vous avez après moi !…

Guerchard. — Vous avez donc passé la nuit dans votre mansarde, et vous n'avez entendu aucun bruit sur le toit…

Victoire. — Sur le toit, maintenant… V'là un malheur…

Guerchard. — Vous n'avez rien entendu ?

Victoire. — J'ai dit ce que j'ai dit : j'ai entendu des bruits qu'étaient pas catholiques et qui sortaient des escaliers… Je suis entrée dans ce salon et j'ai vu… ce que j'ai vu.

GUERCHARD. — Mais qu'avez-vous vu ?

VICTOIRE. — Des maraudeurs… Ils s'enfuyaient par la fenêtre avec des sacs d'objets.

GUERCHARD. — Par la fenêtre ?…

VICTOIRE. — Oui.

GUERCHARD. — Pas par la cheminée ?…

VICTOIRE. — La cheminée… V'là encore un malheur !

LE DUC, *à Guerchard.* — Elle a l'air d'une brave femme, pourtant.

GUERCHARD, *à Victoire.* — Tout à l'heure, où étiez-vous placée ?

VICTOIRE. — Dans la cheminée, derrière l'écran…

GUERCHARD. — Mais quand vous êtes entrée…

VICTOIRE. — Oh ! l'écran n'était point là.

GUERCHARD. — Montrez-moi où il était… Déplacez-le… Attendez ! Ah ! il ne faut pas perdre l'emplacement exact des quatre pieds. Voyons… de la craie… Ah ! vous êtes un peu couturière ici, n'est ce pas, ma brave femme ?

VICTOIRE. — Oui. C'est moi qui raccommode pour les domestiques et qui m'occupe de la couturière.

GUERCHARD. — Parfait. Alors, vous devez bien avoir sur vous un bout de craie de savon !

VICTOIRE. — Oh ! ça, toujours… *(Elle relève sa jupe, va pour fouiller dans la poche de son jupon, se ravise, effarée, et dit :)* J'sais point pourquoi j'ai dit ça… Ah ! non, j'en ai point.

GUERCHARD. — Vous êtes sûre ? Voyons donc ça. Il fouille dans la poche de son tablier.

VICTOIRE. — Ben quoi ! v'là des manières, voulez-vous me laisser ; mais voulez-vous… vous me chatouillez…

GUERCHARD, *trouvant un morceau de craie bleue.* — Enfin, ça y est !… Boursin, embarque-la.

VICTOIRE. — Quoi !… mais Jésus-Marie ! Je suis innocente. C'est pas parce qu'on a du savon, de la craie de savon, qu'on est une voleuse.

GUERCHARD. — C'est entendu ! Boursin, dès que la voiture cellulaire sera là, embarque-moi ça au dépôt.

VICTOIRE. — Jésus-Marie ! Jésus-Marie !

Elle sort.

GUERCHARD. — Et d'une !

Scène III

LE DUC, GUERCHARD. BOURSIN, BONAVENT

LE DUC. — Victoire !… Je n'en reviens pas. Alors, cette craie… C'était la même que sur ces murs ?…

GUERCHARD. — Oui, de la craie bleue. Voyez-vous, monsieur le duc, ça et la fleur de salvia. *(Boursin qui revient.)* Qu'est-ce que c'est ?

BOURSIN. — C'est Bonavent qui a du nouveau.

GUERCHARD. — Ah !… *(Entre Bonavent.)* qu'est-ce qu'il y a ?

BONAVENT, *entrant.* — Voilà, patron… trois auto-camions ont stationné cette nuit devant l'hôtel voisin…

GUERCHARD. — Ah ! comment le sais-tu ?

BONAVENT. — Par un chiffonnier. Il a vu les camions s'éloigner vers cinq heures du matin…

GUERCHARD. — Ah ! ah ! C'est tout ?

BONAVENT. — Un homme est sorti de l'hôtel en tenue de chauffeur…

GUERCHARD et **LE DUC.** — Ah !

BONAVENT. — À vingt pas de l'hôtel, il a jeté sa cigarette. Le chiffonnier l'a ramassée.

LE DUC. — Et il l'a fumée ?

BONAVENT. — Non, la voici.

Il sort.

GUERCHARD, *vivement.* — Une cigarette à bout d'or… et comme marque « Mercédès… » Tiens, monsieur le duc, ce sont vos cigarettes…

LE DUC. — Allons donc ! Ça c'est inouï !…

GUERCHARD. — Mais c'est très clair, et mon argumentation se resserre. Vous aviez de ces cigarettes-là à Charmerace ?

LE DUC. — Des boîtes sur toutes les tables !

GUERCHARD. — Eh bien !

Le Duc. — C'est vrai, l'un des Charolais aura pris une de ces boîtes.

Guerchard. — Dame… nous savons que ça n'est pas le scrupule qui les étouffait.

Le Duc. — Seulement… Mais j'y pense…

Guerchard. — Quoi ?

Le Duc. — Lupin… Lupin, alors…

Guerchard. — Eh bien ?

Le Duc. — Puisque c'est Lupin qui a fait le coup, cette nuit ; puisque l'on a trouvé ces salvias dans l'hôtel voisin… Lupin arrivait donc de Charmerace ?…

Guerchard. — Évidemment.

Le Duc. — Mais alors, Lupin… Lupin est un des Charolais ?

Guerchard. — Oh ! ça c'est autre chose.

Le Duc. — Mais c'est certain ! C'est certain, nous tenons la piste.

Guerchard. — À la bonne heure ! vous voilà emballé comme moi. Quel policier vous auriez fait ! Seulement… rien n'est certain.

Le Duc. — Mais si, qui voulez-vous que ce soit ? Était-il hier à Charmerace ? oui ou non ? A-t-il oui ou non organisé le vol des automobiles ?

Guerchard. — Sans aucun doute, mais il a pu rester dans la coulisse.

Le Duc. — Sous quelle forme ?… sous quel masque ?… Ah ! je brûle de voir cet homme-là.

Guerchard. — Nous le verrons ce soir.

Le Duc. — Ce soir ?

Guerchard. — Oui, puisqu'il viendra prendre le diadème entre minuit moins un quart et minuit.

Le Duc. — Non ?… Vous croyez vraiment qu'il aura le culot ?…

Guerchard. — Vous ne connaissez pas cet homme-là, monsieur le duc, ce mélange extraordinaire d'audace et de sang-froid. C'est le danger qui l'attire. Il se jette au feu et il ne se brûle pas. Depuis dix ans, je me dis : « Ça y est ! cette fois… je le tiens !… Enfin, je vais le pincer… » Je me dis ça tous les jours…

Le Duc. — Eh bien ?

Guerchard. — Eh bien, les jours se passent et je ne le pince jamais. Ah ! il est de taille, vous savez… C'est un gaillard. C'est un bel artiste ! *(Un temps, puis entre ses dents.)* Voyou !

Le Duc. — Alors, vous pensez que, ce soir, Lupin…

Guerchard. — Monsieur le duc, vous avez suivi la piste avec moi, nous avons ensemble relevé chaque trace. Vous avez presque vu cet homme à l'œuvre… Vous l'avez compris… Ne pensez-vous pas qu'un individu pareil est capable de tout ?

Le Duc. — Si !

Guerchard. — Alors…

Le Duc. — Ah ! peut-être… vous avez raison.

On frappe.

Guerchard. — Entrez.

Boursin, *bas, lui remettant un pli.* — C'est de la part du juge d'instruction.

Guerchard. — Donne… *(Il lit.)* Ah !…

Boursin sort à gauche.

Le Duc. — Qu'est-ce que c'est ?

Guerchard. — Rien… Je vous dirai ça.

Irma, *entrant à droite.* — Mlle Kritchnoff demande à monsieur le duc un instant d'entretien.

Le Duc. — Ah !… Où est-elle ?

Irma. — Dans la chambre de Mlle Germaine.

Le Duc, *allant vers la droite.* — Bien, j'y vais.

Guerchard, *au duc.* — Non.

Le Duc. — Comment…

Guerchard. — Je vous assure…

Le Duc. — Mais…

Guerchard. — Attendez que je vous aie parlé !

Le Duc, *il regarde le papier que Guerchard tient à la main, réfléchit, puis, lentement, d'une voix posée.* — Eh bien, dites à Mlle Kritchnoff… dites que je suis dans le salon.

Irma. — C'est tout, monsieur le duc ?

Le Duc, *même jeu.* — Oui !… « Que je suis dans le salon… que j'en ai pour dix minutes. » Dites-lui exactement ça. *(Sort Irma.)* Elle comprendra que je suis avec vous… et alors… Mais pourquoi ?…

je ne comprends pas.

GUERCHARD. — Je viens de recevoir ceci du juge d'instruction.

LE DUC. — Eh bien ?

GUERCHARD. — Eh bien ! C'est un mandat d'arrêt, monsieur le duc.

LE DUC. — Quoi !… un mandat… pas contre elle ?

GUERCHARD. — Si !

LE DUC. — Voyons,… mais ce n'est pas possible… l'arrêter !

GUERCHARD. — Il faut bien. L'interrogatoire a été terrible pour elle ; des réponses louches, embarrassées, contradictoires…

LE DUC. — Alors, vous allez l'arrêter ?

GUERCHARD. — Certes… Il va pour sonner.

LE DUC. — Monsieur Guerchard, elle est maintenant avec ma fiancée… Attendez au moins qu'elle soit rentrée dans sa chambre… Épargnez à l'une une émotion affreuse et à l'autre cette humiliation.

GUERCHARD. — Il le faut ! *(Il sonne. À Boursin qui entre.)* J'ai le mandat d'arrêt contre Mlle Kritchnoff… Le planton est toujours en bas, devant la porte ?

BOURSIN. — Oui.

GUERCHARD, *appuyant sur les mots.* — Dis-lui bien qu'on ne peut sortir que sur un visa de moi et sur ma carte.

Sort Boursin.

LE DUC, *qui pendant ce temps est resté visiblement pensif.* — Enfin, il faut l'arrêter… il faut l'arrêter…

GUERCHARD. — Dame ! vous comprenez, n'est-ce pas ? Croyez que, personnellement, je n'ai contre Mlle Kritchnoff aucune animosité. Elle me serait presque sympathique, cette petite.

LE DUC. — N'est-ce pas ? Elle a l'air si perdue, si désemparée… Et cette pauvre cachette qu'elle a trouvée… Ce mouchoir roulé, jeté dans la petite pièce de l'immeuble voisin, quelle absurdité !

GUERCHARD, *stupéfait.* — Vous dites ?… Un mouchoir…

LE DUC. — La maladresse de cette petite est désarmante.

GUERCHARD. — Un mouchoir contenant les perles du pendentif ?

LE DUC. — Oui. Vous avez vu, n'est-ce pas, au troisième étage, c'est fou.

GUERCHARD. — Mais non, je n'ai pas vu.

LE DUC. — Comment non ?... Ah ! c'est vrai... C'est le juge d'instruction qui a vu.

GUERCHARD. — Il a vu un mouchoir appartenant à Mlle Kritchnoff... Où est-il, ce mouchoir ?

LE DUC. — Le juge d'instruction a pris les perles mais le mouchoir doit être resté là-haut.

GUERCHARD. — Comment ! Et il ne l'a pas pris ! Non, mais quel... ! Enfin...

Il enlève son paletot, va vers la cheminée et allume la lanterne.

LE DUC. — Oh ! d'ailleurs, maintenant que vous arrêtez Mlle Kritchnoff, ce détail n'a plus d'importance.

GUERCHARD. — Mais si, je vous demande pardon...

LE DUC. — Comment ?

GUERCHARD. — Nous arrêtons Mlle Kritchnoff ; nous avons des présomptions, mais aucune preuve.

LE DUC, *semblant bouleversé.* — Hein ?

GUERCHARD. — La preuve, vous venez de nous la fournir et puisqu'elle a pu cacher les perles dans l'immeuble voisin c'est qu'elle connaissait le chemin qui y mène. Donc elle est complice.

LE DUC. — Comment, vous croyez ? Ah ! mon Dieu !... Et c'est moi... j'aurais eu l'imprudence... C'est par ma faute que vous découvrez... ?

GUERCHARD. — Cette lanterne... Voulez-vous m'éclairer, monsieur le duc ?

LE DUC, *vivement.* — Mais vous ne voulez pas que j'y aille ? Je sais où est le mouchoir.

GUERCHARD, *vivement.* — Non, non, je préfère y aller moi-même.

LE DUC, *vivement.* — C'est que si vous aviez voulu...

GUERCHARD, *même jeu.* — Non... non...

LE DUC. — Permettez-moi d'insister...

GUERCHARD. — Inutile !... À bout de bras, n'est ce pas ?

LE DUC. — Oui.

GUERCHARD. — Cinq minutes seulement... Ça ne vous fatiguera pas ?

Le Duc. — Non, non. *(Guerchard disparait sous la cheminée. Le duc, au bout d'un instant, accroche la lanterne dans l'intérieur de la cheminée.)* Ça va comme ça…

Voix de Guerchard. — Oui, c'est ça, c'est très bien.

Le duc se précipite vers la porte de droite et l'ouvre. Parait Sonia, habillée pour sortir.

Le Duc, *retournant prendre la lanterne.* — Vite !

Sonia. — Mon Dieu !

Le Duc. — Il y a un mandat d'arrêt contre vous.

Sonia, *affolée.* — Je suis perdue !

Le Duc. — Non. Vous allez partir.

Sonia. — Partir !… Mais comment ?… Guerchard ?

Le Duc. — Écoutez. Je vous téléphonerai demain matin à…

Voix de Guerchard. — Monsieur le duc !

Sonia. — Mon Dieu !

Le Duc. — Chut !

Voix de Guerchard. — Vous ne pourriez pas lever la lanterne un peu plus haut ?

Le Duc, *dans la cheminée.* — Attendez, je vais essayer… Ah ! non, je ne peux pas.

Voix de Guerchard. — Alors, un peu plus à droite.

Le duc, d'un geste impérieux, fait signe à Sonia de venir prendre la lanterne. Tandis qu'elle la tient, il prend vivement le portefeuille de Guerchard dans le paletot, en tire une carte, écrit quelques mots et retourne à la cheminée. Sonia suit ses mouvements avec une stupeur craintive.

Le Duc, *parlant dans la cheminée.* — Ça va comme ça ?

Voix de Guerchard. — Oui, très bien.

Le Duc, *à Sonia.* — Vous remettrez cette carte au planton de garde.

Sonia, *regardant la carte.* — Comment ! Mais… c'est…

Le Duc. — Partez…

Sonia. — Mon Dieu ! mais c'est fou !… Quand Guerchard découvrira…

Le Duc. — Ne vous inquiétez pas de ça… Ah ! dans le cas où il arriverait quelque chose… à huit heures et demie, demain matin, oui, c'est ça. Attendez... *(Il court vers la cheminée et appelle.)* Vous voyez assez clair ? *(Pas de réponse.)* Il est dans l'hôtel à côté. À huit heures et demie, puis-je vous téléphoner ?

Sonia. — Oui. C'est un petit hôtel près de l'Etoile... Mais, cette carte, je ne peux pas... pour vous-même...

Le Duc. — L'hôtel a le téléphone ?

Sonia. — Oui. 555-14.

Le Duc, *inscrivant le numéro sur sa manchette.* — Si je ne vous avais pas téléphoné à huit heures et demie, venez directement chez moi.

Sonia. — Bien. Mais quand Guerchard saura... Si jamais Guerehard découvre...

Le Duc. — Partez, Sonia. Partez, partez !...

Sonia, *revenant au duc.* — Ah ! comme vous êtes bon !

Il la pousse vers la porte et, sur le seuil de la porte, ils se regardent, hésitent... Il l'attire dans ses bras, elle s'y laisse tomber ; ils s'embrassent. On entend la voix de Guerchard, le duc se dégage.

Le Duc. — Pars maintenant. Je t'adore. Pars, pars !

Elle sort.

Scène IV

GUERCHARD, LE DUC, BOURSIN, GERMAINE, GOURNAY-MARTIN

Resté seul, le duc retourne en courant vers la cheminée et saisit la lanterne. À ce moment, on entend le bruit sourd d'une porte qui se ferme. Il s'appuie, avec émotion, contre le manteau de la cheminée.

Guerchard, *tout en regardant le duc d'un air goguenard et avec un étonnement soupçonneux.* — Rien !... Eh bien, je n'y comprends rien... Je n'ai rien trouvé !

Le Duc. — Vous n'avez rien trouvé ?

Guerchard. — Non. Vous êtes sûr d'avoir vu le mouchoir dans la petite pièce du troisième étage ?

Le Duc. — Certain... Vous n'avez pas vu de mouchoir ?

Guerchard. — Non.

LE DUC, *avec une nuance d'ironie.* — Vous n'avez pas bien cherché… À votre place, je retournerais voir.

GUERCHARD. — Non… mais tout de même, c'est assez drôle… *(Le regardant.)* Vous ne trouvez pas ça drôle ?

LE DUC. — Si… Je trouve ça drôle.

Guerchard fait quelques pas, puis il sonne. Entre Boursin.

GUERCHARD. — Boursin… Mlle Kritchnoff… il est temps.

BOURSIN. — Mlle Kritchnoff ?

GUERCHARD. — Oui, il est temps… qu'on l'emmène.

BOURSIN. — Mais Mlle Kritchnoff est partie, patron.

GUERCHARD, *sursautant.* — Partie ! Comment, partie !

BOURSIN. — Mais oui, patron.

GUERCHARD. — Voyons, voyons… tu es fou !

BOURSIN. — Non, patron.

GUERCHARD. — Partie !… Qui l'a laissée partir ? Qui ?

BOURSIN. — Mais le planton de garde.

GUERCHARD, *violemment.* — Quoi ? Quoi… le planton de garde ?…

BOURSIN. — Mais ?…

GUERCHARD. — Il fallait mon visa… mon visa sur ma carte.

BOURSIN. — La voilà… votre carte… et voilà le visa…

GUERCHARD, *stupéfait.* — Hein ? Un faux ? Ah ça !… *(Un assez long jeu de scène où il cherche à comprendre, où il entrevoit la complicité du duc dans cette évasion.)* C'est bien ! *(Sort Boursin. Un temps. Il va vers son paletot, en tire son portefeuille, compte les cartes, s'aperçoit qu'il en manque une. Le duc est près de lui, séparé de lui par l'écran, les mains sur cet écran et se balançant. Guerchard lève la tête, ils se regardent en souriant. Guerchard met son paletot. Le duc lui propose de l'aider, ce qu'il refuse. Puis il sonne de nouveau.)* Boursin… Victoire a bien été embarquée dans la voiture cellulaire, n'est-ce pas ?

BOURSIN. — Il y a belle lurette, patron. La voiture attendait dans la cour depuis neuf heures et demie.

GUERCHARD. — Neuf heures et demie !… Mais la voiture ne devait arriver que maintenant, à dix heures et demie. Enfin, c'est bien.

BOURSIN. — Alors, on peut renvoyer l'autre voiture ?

GUERCHARD. — Quelle autre voiture ?

BOURSIN. — La voiture cellulaire qui vient d'arriver ?

GUERCHARD. — Quoi ! Qu'est-ce que tu me chantes ?

BOURSIN. — Vous n'aviez pas commandé deux voitures cellulaires ?

GUERCHARD, *bouleversé.* — Deux voitures ! Ce n'est pas vrai, n'est-ce pas ?

BOURSIN. — Mais si, patron…

GUERCHARD. — Tonnerre ! Dans quelle voiture a-t-on installé Victoire ? dans laquelle ?

BOURSIN. — Dame ! Dans la première, patron.

GUERCHARD. — Tu as vu les agents, le cocher ? Tu les connaissais ?… Tu les as reconnus ?

BOURSIN. — Non.

GUERCHARD. — Non ?

BOURSIN. — Non, ça devait être des nouveaux, ils m'ont dit qu'ils venaient de la Santé.

GUERCHARD. — Bougre d'idiot ! C'est toi qui en as une santé.

BOURSIN. — Comment, alors ?

GUERCHARD. — Nous sommes roulés, c'est un tour de… un tour de…

LE DUC. — De Lupin, vous croyez… oh !

GUERCHARD. — Ah ! mais… Ah ! mais !… *(À Boursin.)* Eh bien, quand tu resteras là, la bouche ouverte, quand tu resteras là. Fouille la chambre de Victoire.

BOURSIN. — Bonavent l'a fouillée, patron.

GUERCHARD. — Ah ! eh bien, où est-il ? Qu'il entre !

BOURSIN. — Bonavent !

Entre Bonavent.

GUERCHARD. — Tu as fouillé les malles de Victoire ?

BONAVENT. — Oui, rien que du linge, des vêtements… sauf ça.

GUERCHARD. — Donne… Un livre de messe, c'est tout ?

BONAVENT. — Il y a une photographie dedans.

GUERCHARD. — Ah ! une photographie de Victoire… presque effacée… une date… Il y a dix ans… Tiens ! quel est ce garçon qu'elle tient par le cou… Ah çà ! Ah çà !

Jeu de scène très lent. Assailli de pensées, il regarde la photo, l'éloigne, la rapproche, regarde de côté, vers le duc, sans toutefois fixer ses yeux sur lui. Le duc est toujours près de la cheminée, il se dresse sur la pointe des pieds pour voir la photo. Se sentant découvert il cherche un instant des yeux, avec une certaine anxiété par où il pourrait s'enfuir, le cas échéant. Guerchard se rapproche et le regarde en se frottant les mains.

LE DUC. — Qu'est-ce qu'il y a ? J'ai quelque chose qui ne va pas… ma cravate…

Guerchard continue de le regarder sans répondre. On sonne au téléphone. Le duc fait mine d'y aller.

GUERCHARD. — Non, je vous en prie… *(Au téléphone.)* Allô ! oui : c'est moi, l'inspecteur principal de la Sûreté. *(Au duc.)* Le jardinier de Charmerace, monsieur le duc.

LE DUC. — Ah ! vraiment ?

GUERCHARD. — Allô, oui, vous m'entendez bien… bon… Je voudrais savoir qui a pénétré hier dans la serre ? Qui a pu cueillir du salvia rose… ?

LE DUC. — C'est moi, je vous l'ai dit tout à l'heure.

GUERCHARD. — Oui… oui… je sais… *(Au téléphone.)* Hier après-midi… oui, personne d'autre ? Ah ! personne, sauf le duc de Charmerace… Vous êtes bien sûr ? Tout à fait sûr ?… Tout à fait sûr ?… Oui, c'est tout, merci. *(Il remet le cornet de l'appareil et au duc.)* Vous avez entendu, monsieur le duc ?

LE DUC. — Oui.

Un silence encore.

GOURNAY-MARTIN, *entrant, sa valise à la main.* — Tu veux aller au Ritz ? Allons au Ritz. *(Au duc.)* Qu'est-ce que vous voulez ? Il était dit que je ne coucherais plus jamais chez moi.

LE DUC. — Vous partez ? Qu'est-ce qui vous oblige à partir ?

GOURNAY-MARTIN. — *Le danger !* Vous n'avez donc pas lu le télégramme de Lupin : « Viendrai ce soir entre minuit moins un quart et minuit prendre le diadème ! » Et vous croyez que j'allais l'attendre quand le diadème était dans ma chambre à coucher.

Le Duc. — Mais il n'y est plus… Vous avez eu la bonté de me le confier et nous l'avons changé de place ensemble.

Gournay-Martin. — Oui et même je l'ai repris, je l'ai là dans ma valise, je l'emporte avec moi.

Pendant ce dialogue, Guerchard est resté à part et réfléchit, puis il interroge Germaine.

Le Duc. — Hein !

Gournay-Martin. — Quoi ?

Le Duc. — Vous trouvez ça prudent ?

Gournay-Martin. — Quoi !

Le Duc. — Si Lupin est décidé à s'emparer du diadème, même par la force, vous risquez gros.

Gournay-Martin. — Ah ! c'est vrai. Je n'avais pas pensé à cela. Alors, que faire.

Le Duc. — Il faut se méfier.

Gournay-Martin. — De tout le monde, comme c'est vrai. Dites-moi. *(À Guerchard qui s'avance.)* Non, pardon, un instant ; dites-moi, vous avez confiance en Guerchard ?

Le Duc. — En Guerchard !

Gournay-Martin. — Vous croyez qu'on peut avoir en lui pleine confiance ?

Le Duc. — Oh ! Je crois.

Gournay-Martin. — Eh bien, alors, je vais lui confier le diadème. *(Ouvrant sa valise.)* Tenez, il est beau, n'est-ce pas ?

Le Duc, *tenant le coffret ouvert.* — Ah ! merveilleux !

Gournay-Martin, *à Guerchard.* — Monsieur Guerchard, il y a du danger, alors, je vous confie le diadème. Ça ne vous ennuie pas ?

Guerchard. — Au contraire. C'est précisément ce que je voulais vous demander.

Le Duc, *lui tend le diadème très lentement. Tous deux ont les bras tendus et tiennent le coffret en même temps.* — Il est beau, n'est-ce pas ?

Le duc abandonne le coffret.

Guerchard. — Ah ! merveilleux !

GOURNAY-MARTIN, *au duc.* — Ah ! Jacques, s'il y avait du nouveau, je suis au Ritz. Alors, n'est-ce pas ?…

Il continue à causer avec lui.

GUERCHARD, *à Germaine.* — Vous connaissez cette photographie du duc, mademoiselle ? Elle date de dix ans.

GERMAINE. — Elle date de dix ans ? Eh bien, ce n'est pas le duc.

GUERCHARD, *vivement.* — Quoi ?

GERMAINE. — Comment ?

GUERCHARD. — Rien… pourtant elle ressemble…

GERMAINE. — Au duc, tel qu'il est, oui, un peu ; mais pas au duc tel qu'il était. Il a tellement changé.

GUERCHARD. — Ah !

GERMAINE. — Le voyage, la maladie… Vous savez qu'il a passé pour mort… Oui, c'est même ce qui inquiétait papa quand il est parti. Maintenant, il va très bien.

GUERCHARD. — Vous partez aussi, monsieur le duc ?

LE DUC. — Oui. vous n'avez pas besoin de moi ?

GUERCHARD. — Si !

LE DUC. — C'est que j'ai à faire.

GUERCHARD. — Vous avez peur ?

Un silence. Le duc réfléchit. Puis comme s'il prenait son parti et qu'il se décidât à jouer le tout pour le tout.

LE DUC. — Ah ! monsieur Guerehard, vous avez trouvé le moyen de me faire rester.

GOURNAY-MARTIN. — Oui. Restez. Vous n'êtes pas trop de deux. Au revoir, et merci… Mais quand pourrai-je enfin coucher chez moi ?

Il serre la main à Guerchard et sort.

GERMAINE, *qui rentre à droite, au duc.* — Vous ne venez pas ?

LE DUC. — Non, je reste avec monsieur Guerchard.

GERMAINE. — Eh bien, vous serez frais demain pour aller à l'Opéra. Déjà vous n'avez pas dormi cette nuit. *(Guerchard tressaille.)* Partir à huit heures du soir de Bretagne pour arriver à six heures du matin en automobile.

GUERCHARD, *avec un sursaut.* — En automobile.

GERMAINE. — Mais je vous préviens. Malade ou non, vous m'accompagnerez à l'Opéra, je veux voir *Faust*, c'est le jour chic.

Ils sortent.

Scène V

LE DUC, GUERCHARD, BOURSIN

GUERCHARD, *à lui-même, lentement, avec une joie farouche.* — En automobile !... mais voilà... tout s'explique... mais oui... voilà... *(Il pose sur la table le coffret dans lequel se trouve le diadème. Le duc revient en scène.)* Je ne savais pas, monsieur le duc, que vous aviez eu cette nuit une panne en automobile... Si j'avais su, je me serais fait un scrupule.

LE DUC. — Une panne...

GUERCHARD. — Oui, parti à huit heures, hier soir, vous n'êtes arrivé à Paris qu'à six heures du matin. Vous n'aviez donc pas une forte machine.

LE DUC. — Si, une cent chevaux.

GUERCHARD. — Bigre ! Vous avez dû avoir une sacrée panne !

LE DUC. — Oui, une panne de trois heures.

GUERCHARD. — Et personne ne se trouvait là pour vous aider à la réparer ?

LE DUC. — Dame, non ; il était deux heures du matin.

GUERCHARD. — Oui, il n'y avait personne.

LE DUC. — Personne.

GUERCHARD. — C'est fâcheux.

LE DUC. — Très fâcheux. J'ai dû réparer l'accident moi-même. C'est ce que vous vouliez dire, n'est-ce pas ?

GUERCHARD. — Certainement.

LE DUC. — Une cigarette ? Ah ! non, je sais que vous ne fumez que du caporal.

GUERCHARD. — Si, si, tout de même. *(Il prend une cigarette et la regarde.)* C'est égal, tout ça est bien curieux.

LE DUC. — Quoi ?

GUERCHARD. — Tout : vos cigarettes... ces fleurs de salvia... la petite photo qu'on m'a remise… cet homme en tenue de chauffeur et… enfin, votre panne.

Le Duc. — Ah çà ! monsieur, vous êtes ivre…

Il va prendre son pardessus.

Guerchard, *se levant et lui barrant le chemin.* — Non, ne sortez pas.

Le Duc. — Vous dites ? *(Un silence.)* Ah çà ! que dites-vous ?

Guerchard, *passant sa main sur son front.* — Non… je vous demande pardon… je suis fou ! je suis fou !

Le Duc. — En effet !…

Guerchard. — Aidez-moi… voilà ce que je veux dire… Aidez-moi… il faut que vous restiez ici… pour m'aider contre Lupin. Vous comprenez… vous voulez bien ?

Le Duc. — Cela, volontiers. Mais vous n'avez pas l'esprit bien calme… vous êtes inquiétant !…

Guerchard. — Encore une fois, excusez-moi.

Le Duc. — Soit !… mais qu'allons-nous faire ?

Guerchard. — Eh bien, le diadème est là. Il est dans ce coffret…

Le Duc. — Je sais bien qu'il y est puisque je l'ai changé de place cet après-midi. M. Gournay-Martin m'en avait prié.

Guerchard. — Oui, enfin, vous voyez… Il y est.

Le Duc. — Oui, oui, je vois, alors ?

Guerchard. — Alors, nous allons attendre.

Le Duc. — Qui ?

Guerchard. — Lupin.

Le Duc. — Lupin ! Alors, décidément comme dans les contes de fées, vous croyez que, lorsque cette horloge aura sonné douze coups, Lupin entrera et prendra le diadème ?

Guerchard. — Oui, je le crois.

Le Duc. — C'est palpitant !

Guerchard. — Ça ne vous ennuie pas ?

Le Duc. — Au contraire. Faire la connaissance de l'invisible gaillard qui vous roule depuis dix ans, c'est une soirée charmante.

Guerchard. — À qui le dites-vous ?

Le Duc. — À vous. *(Ils s'assoient. Un temps. Désignant une* *porte.)* On vient là.

GUERCHARD, *écoutant.* — Ah ?... Non.

LE DUC. — Si... tenez, on frappe !

GUERCHARD. — C'est vrai. Vous avez l'oreille encore plus fine que moi. D'ailleurs, vous avez montré en tout ceci des qualités de véritable policier. *(Guerchard, sans quitter le duc des yeux, va ouvrir la porte.)* Entre, Boursin. *(Boursin entre.)* Tu as les menottes ?

BOURSIN, *lui remettant les menottes.* — Oui, faut-il que je reste ?

GUERCHARD. — Non... Il y a nos hommes dans la cour ?

BOURSIN. — Oui.

GUERCHARD. — L'hôtel voisin ?...

BOURSIN. — Plus de communication possible. Tout est gardé.

GUERCHARD. — Si quelqu'un essaye d'entrer, *(Coup d'œil au duc.)* n'importe qui, qu'on l'empoigne... *(Au duc, en riant.)* Au besoin, qu'on tire dessus.

Sort Boursin.

LE DUC. — Fichtre ! Vous êtes ici dans une forteresse.

GUERCHARD. — Monsieur le duc, c'est plus vrai encore que vous ne pensez, j'ai des hommes à moi derrière chacune de ces portes.

LE DUC, *l'air ennuyé.* — Ah !

GUERCHARD. — Cela paraît vous ennuyer.

LE DUC. — Beaucoup, sapristi ! Mais alors, jamais Lupin ne pourra pénétrer dans cette pièce !

GUERCHARD. — Difficilement... à moins qu'il ne tombe du plafond... ou à moins...

LE DUC. — À moins qu'Arsène Lupin ne soit vous.

GUERCHARD. — En ce cas, vous en seriez un autre.

Ils rient tous deux.

LE DUC. — Elle est bonne. Eh bien, sur ce, je m'en vais.

GUERCHARD. — Hein ?

LE DUC. — Dame ! Je restais pour voir Lupin... du moment qu'il n'y a plus moyen de le voir...

GUERCHARD. — Mais si... Mais si... restez donc...

LE DUC. — Ah !... vous y tenez ?

GUERCHARD. — Nous le verrons.

Le Duc. — Bah !

Guerchard, *en confidence.* — Il est déjà ici.

Le Duc. — Lupin ?

Guerchard. — Lupin !

Le Duc. — Où ça ?

Guerchard. — Dans la maison !

Le Duc. — Déguisé, alors ?

Guerchard. — Oui.

Le Duc. — Un de vos agents, peut-être ?...

Guerchard. — Je ne crois pas.

Le Duc. — Alors, s'il est déjà ici, nous le tenons... Il va venir.

Guerchard. — J'espère, mais osera-t-il ?

Le Duc. — Comment ?

Guerchard. — Dame ! Vous l'avez dit vous même, c'est une forteresse. Lupin était peut-être décidé à entrer dans cette pièce, il y a une heure, mais maintenant.

Le Duc. — Eh bien ?

Guerchard. — Eh bien, maintenant, c'est qu'il faudrait un rude courage, vous savez. Il faudrait risquer le tout pour le tout et jeter bas le masque. Lupin ira-t-il se jeter dans la gueule du loup ? Je n'ose pas y croire. Votre avis ?

Le Duc. — Dame ! Vous devez être plus au courant que moi, vous le connaissez depuis dix ans, vous... tout au moins de réputation...

Guerchard, *s'énervant peu à peu.* — Je connais aussi sa manière d'agir. Depuis dix ans, j'ai appris à démêler ses intrigues, ses manœuvres... Oh ! son système est habile... Il attaque l'adversaire... Il le trouble... *(Souriant.)* tout au moins il essaye. C'est un ensemble de combinaisons enchevêtrées, mystérieuses ; moi-même, j'y ai été pris souvent. Vous souriez ?

Le Duc. — Ça me passionne !

Guerchard. — Moi aussi. Mais, cette fois, j'y vois clair. Plus de ruses, plus de sentiers dérobés, c'est au grand jour que nous combattons !... Lupin a peut-être du courage, il n'a que le courage des voleurs...

Le Duc. — Oh !

GUERCHARD. — Mais oui, les gredins n'ont jamais beaucoup de vertu.

LE DUC. — On ne peut pas tout avoir.

GUERCHARD. — Leurs embûches, leurs attaques, leur belle tactique, tout cela c'est bien court.

LE DUC. — Vous allez un peu loin.

GUERCHARD. — Mais non, monsieur le duc, croyez-moi, il est très surfait, ce fameux Lupin.

LE DUC. — Pourtant... il a fait des choses qui ne sont pas trop mal.

GUERCHARD. — Oh !

LE DUC. — Si... Il faut être juste... Ainsi, le cambriolage de cette nuit, ce n'est pas inouï, mais, enfin, ce n'est pas mal. Ce n'est pas si bête, l'escroquerie des automobiles.

GUERCHARD. — Peuh !

LE DUC. — Ce n'est pas mal, dans une seule semaine : un vol à l'ambassade d'Angleterre, un autre au ministère des Finances et le troisième chez M. Lépine.

GUERCHARD. — Oui.

LE DUC. — Et puis, rappelez-vous le jour où il s'est fait passer pour Guerchard. Allons, voyons... entre nous, sans parti pris... ça n'est pas mal.

GUERCHARD. — Non. Mais il a fait mieux récemment... Pourquoi ne parlez-vous pas de ça ?

LE DUC. — Ah ! de quoi ?

GUERCHARD. — Du jour où il s'est fait passer pour le duc de Charmerace.

LE DUC. — Il a fait ça ? Oh ! le bougre !... Mais vous savez, je suis comme vous, moi. Je suis si facile à imiter.

GUERCHARD. — Pourtant, monsieur le duc, ce qui eût été amusant, c'eût été d'arriver jusqu'au mariage...

LE DUC. — Oh ! s'il le voulait... mais vous savez, pour Lupin, la vie d'un homme marié...

GUERCHARD. — Une grande fortune... une jolie fille...

LE DUC. — Il doit en aimer une autre...

GUERCHARD. — Une voleuse, peut-être...

Le Duc. — Qui se ressemble… Puis, voulez-vous mon avis ? Sa fiancée doit l'embêter…

Guerchard. — C'est égal, c'est navrant, pitoyable, avouez-le, que la veille du mariage il ait été assez bête pour se démasquer. Et, au fond, hein ! est-ce assez logique ?… Lupin perçant sous Charmerace, il a commencé par prendre la dot au risque de ne plus avoir la fille.

Le Duc. — C'est peut-être ce qu'on appellera le mariage de raison.

Guerchard. — Quelle chute ! Être attendu à l'Opéra demain soir, dans une loge, et passer cette soirée-là, au dépôt… avoir voulu, dans un mois, comme duc de Charmerace, monter en grande pompe les marches de la Madeleine et dégringoler les escaliers du beau-père, ce soir, *(Avec force.)* oui, ce soir, le cabriolet de fer aux poignets… hein ! est-ce assez la revanche de Guerchard ! de cette vieille ganache de Guerchard ?… Le Brummel des voleurs en bonnet de prison… Le gentleman cambrioleur sous les verrous !… Pour Lupin ça n'est qu'un petit ennui, mais pour un duc, c'est un désastre… Allons ! voyons, à votre tour, sans parti pris, vous ne trouvez pas ça amusant ?…

Le Duc, *qui est assis devant lui, relève la tête et, froidement.* — T'as fini ?…

Guerchard. — Hein ?

Ils se dressent l'un devant l'autre.

Le Duc. — Moi, je trouve ça amusant.

Guerchard. — Et moi, donc.

Le Duc. — Non, toi tu as peur.

Guerchard. — Peur ? Ah ! ah !

Le Duc. — Oui, tu as peur. Et si je te tutoie, gendarme, ne crois pas que je jette un masque… Je n'en porte pas. Je n'ai rien à démasquer. Je suis le duc de Charmerace.

Guerchard. — Tu mens ! Tu t'es évadé, il y a dix ans, de la Santé. Tu es Lupin ! Je te reconnais maintenant.

Le Duc. — Prouve-le.

Guerchard. — Oui.

Le Duc. — Je suis le duc de Charmerace.

Guerchard. — Ah !

LE DUC. — Ne ris donc pas. Tu n'en sais rien.

GUERCHARD. — On se tutoie, pourtant.

LE DUC. — Qu'est-ce que je risque ? Peux-tu m'arrêter ? Tu peux arrêter Lupin… mais arrête donc le duc de Charmerace, honnête homme, dandy à la mode, membre du Jockey et de l'Union, demeurant en son hôtel, 34 *bis*, rue de l'Université ; arrête donc le duc de Charmerace, fiancé à Mlle Gournay-Martin.

GUERCHARD. — Misérable !

LE DUC. — Eh bien, vas-y !… sois ridicule, fais-toi fiche de toi par tout Paris… fais-les entrer tes flics… As-tu une preuve ?… une seule ?… non, pas une…

GUERCHARD. — Oh ! j'en aurai.

LE DUC. — Je crois… Tu pourras m'arrêter dans huit jours… après-demain, peut-être… peut-être jamais… mais pas ce soir, c'est certain…

GUERCHARD. — Ah ! si quelqu'un pouvait t'entendre !

LE DUC. — Ne te frappe pas… Ça ne prouverait rien. D'abord, le juge d'instruction te l'a dit. Quand il s'agit de Lupin, tu perds la boule. Tiens ! Le juge d'instruction, voilà un garçon intelligent.

GUERCHARD. — En tout cas, le diadème, ce soir…

LE DUC. — Attends, mon vieux… Attends. *(Se levant.)* Sais-tu ce qu'il y a derrière cette porte ?

GUERCHARD, *sursautant.* — Hein ?

LE DUC. — Froussard, va.

GUERCHARD. — Nom de nom !

LE DUC. — Je te dis que tu vas être pitoyable !

GUERCHARD. — Cause toujours.

LE DUC. — Pitoyable ! De minute en minute et à mesure que l'aiguille se rapprochera de minuit, tu seras épouvanté… *(Violemment.)* Attention !

GUERCHARD, *bondissant.* — Quoi ?

LE DUC. — Ce que tu as la trouille !

GUERCHARD. — Cabot !

LE DUC. — Oh ! tu n'es pas plus lâche qu'un autre… mais qui peut supporter l'angoisse de ce qui va survenir et qu'on ne connaît pas ? *(Avec force.)* J'ai raison, tu le sens, tu en es sûr. Il y a au bout de ces minutes comptées un événement fatal, implacable. Ne hausse donc pas les épaules, tu es vert.

GUERCHARD. — Mes hommes sont là… Je suis armé.

LE DUC. — Enfant ! Mais souviens-toi, souviens-toi que c'est toujours quand tu avais tout prévu, tout combiné, tout machiné, souviens-toi que c'est alors que l'accident jetait bas tout ton échafaudage. Rappelle-toi, c'est toujours au moment où tu vas triompher qu'il te bat et il ne te laisse atteindre le sommet de l'échelle que pour mieux te flanquer par terre.

GUERCHARD. — Mais avoue-le donc, tu es Lupin.

LE DUC. — Je croyais que tu en étais sûr…

GUERCHARD, *tirant ses menottes.* — Ah ! je ne sais pas ce qui me retient, mon petit.

LE DUC, *vivement et avec hauteur.* — Assez, n'est-ce pas ?

GUERCHARD. — Hein ?

LE DUC. — En voilà assez, je veux bien jouer à ce qu'on se tutoie tous les deux, mais ne m'appelez pas votre petit.

GUERCHARD. — Va, va… Tu ne m'en imposeras plus longtemps.

LE DUC. — Si je suis Lupin, arrêtez-moi.

GUERCHARD. — Dans trois minutes ! ou alors, c'est qu'on aura pas touché au diadème.

LE DUC. — Dans trois minutes on aura volé le diadème et vous ne m'arrêterez pas.

GUERCHARD. — Ah ! je jure bien… je jure…

LE DUC. — Ne fais pas de serments imprudents. Plus que deux minutes.

Il tire son revolver.

GUERCHARD. — Hein ? Ah ! mais non.

Il prend aussi son revolver.

LE DUC. — Voyons ! vous ne m'avez pas recommandé de tirer sur Lupin ?

GUERCHARD. — Eh bien !

LE DUC. — Eh bien, j'apprête mon revolver puisqu'il va venir… Plus qu'une minute…

GUERCHARD, *allant vers la porte.* — Nous sommes en nombre !

LE DUC. — Ah ! poule mouillée !

GUERCHARD. — Eh bien, non, moi, moi tout seul.

LE DUC. — Imprudent !

GUERCHARD. — Au moindre geste que vous ferez… au moindre mouvement… je fais feu.

LE DUC. — Je m'appelle le duc de Charmerace, vous serez arrêté le lendemain.

GUERCHARD. — Je m'en fous.

LE DUC. — Plus que cinquante secondes.

GUERCHARD. — Oui.

LE DUC. — Dans cinquante secondes le diadème sera volé.

GUERCHARD. — Non.

LE DUC. — Si !

GUERCHARD. — Non, non, non. *(La pendule se met à sonner ; ils se mesurent du regard. Deux fois, le duc esquisse un mouvement. Guerchard, à chaque fois, se précipite. Au deuxième coup, ils s'élancent tous deux. Le duc prend son chapeau qui est à côté du diadème et Guerchard saisit le diadème.)* Ah ! je l'ai… Enfin… Ai-je gagné ? Suis-je roulé cette fois-ci ? Lupin a-t-il pris le diadème ?

LE DUC, *gaiement, mettant son paletot.* — J'aurais bien cru… Mais es-tu bien sûr ?

GUERCHARD. — Hein ?

LE DUC, *se retenant de rire, et tout en sonnant.* — Tiens ! rien qu'au poids… Il ne te semble pas un peu léger ?

GUERCHARD. — Quoi ?

LE DUC, *pouffant.* — Celui-là est faux !

GUERCHARD. — Tonnerre de Dieu !

LE DUC, *à part, entr'ouvrant son paletot qui cache le diadème.* — Celui-là est vrai. *(Aux agents qui entrent.)* On a volé le diadème.

Il s'enfuit par la porte de gauche.

GUERCHARD, *se réveillant de sa torpeur.* — Tonnerre de Dieu ! Où est-il ?

BOURSIN. — Qui ça ?

GUERCHARD. — Mais le duc ?

Les Hommes. — Le duc ?

Guerchard. — Mais empêchez-le de sortir. Suivez-le... Arrêtez-le. *(Affolé.)* Rattrapez-le avant qu'il ne rentre chez lui.

RIDEAU

ACTE IV

La scène représente un fumoir très élégant. Table de travail sur laquelle se trouve un téléphone, divans, secrétaire, etc. Au lever du rideau, face au public, grande baie donnant sur une cage d'ascenseur. À gauche de cette cage, une bibliothèque. Au fond, à droite et en pan coupé, porte donnant sur le vestibule. Cette porte est grande ouverte. À gauche, deuxième plan, une fenêtre donnant sur la rue. À droite et à gauche, premier plan, une porte.

Scène I

VICTOIRE, CHAROLAIS PÈRE, CHAROLAIS FILS

Charolais père, *à la fenêtre, se retournant.* — Foutu ! on a sonné.

Charolais fils. — Non. C'est la pendule.

Victoire, *accourant.* — Six heures... six heures... mais où est-il ?... Le coup doit être fait depuis minuit... Où est-il ?

Charolais père, *près de la fenêtre.* — On doit le filer... Il n'ose pas rentrer.

Victoire. — J'ai envoyé l'ascenseur en bas, au cas où il arriverait par l'issue secrète.

Charolais père. — Mais alors, nom de nom ! baissez les volets, comment voulez-vous que l'ascenseur monte si la porte reste ouverte !

Victoire. — Oui... J'ai la tête perdue... *(Elle appuie sur un bouton. Les volets tombent. La cage de l'ascenseur est masquée.)* Si on téléphonait à Justin, à la maison de Passy.

Charolais père. — Justin n'en sait pas plus que nous.

94

CHAROLAIS FILS. — On ferait mieux de grimper là-haut.

VICTOIRE. — Non. Il va rentrer. J'espère encore.

CHAROLAIS PÈRE. — Mais si on sonne, nom de nom !... si on vient fouiller les papiers... il ne nous a rien dit... on n'est pas préparé... Qu'est-ce que nous allons faire ?

VICTOIRE. — Et moi... est-ce que je me plains ?... si on vient m'arrêter ?

CHAROLAIS FILS. — On l'a peut-être arrêté, lui.

VICTOIRE. — Ah ! ne dites pas ça !... *(Un temps.)* Les deux agents sont toujours là ?

CHAROLAIS PÈRE. — Vous approchez pas de la fenêtre, on vous connaît... *(Regardant à la fenêtre.)* Oui... devant le café... en face... Tiens !...

VICTOIRE. — Quoi ?

CHAROLAIS PÈRE. — Deux types qui courent.

VICTOIRE. — Deux types qui courent ? Ils viennent par ici ?

CHAROLAIS PÈRE. — Non.

VICTOIRE. — Ah !

CHAROLAIS PÈRE. — Ils s'approchent des flics, ils leur parlent ! Tonnerre ! Ils traversent tous la rue en courant !...

VICTOIRE. — De ce côté ?... Ils viennent de ce côté ?

CHAROLAIS PÈRE. — Oui, ils viennent ! ils viennent ! ils viennent !

VICTOIRE. — Et lui qui n'est pas là ! Pourvu qu'ils ne viennent pas... pourvu qu'il ne sonne pas... pourvu... *(Coup de sonnette au vestibule. Ils restent tous pétrifiés. Mais les volets de l'ascenseur se lèvent. Paraît Lupin, visage défait, méconnaissable, col arraché, etc. Les volets se rabaissent.)* Tu es blessé ?

LUPIN. — Non... *(Second coup de sonnette. À Charolais père avec des gestes d'une énergie précise.)* Ton gilet... va ouvrir... *(À Charolais fils.)* Ferme la bibliothèque... *(À Victoire.)* Cache-toi donc, toi, tu veux donc nous perdre !...

Il sort précipitamment à gauche, premier plan. Victoire et les deux Charolais sortent, premier plan à droite. Charolais fils a pressé un bouton. La bibliothèque glisse et vient masquer l'emplacement de l'ascenseur.

Scène II

CHAROLAIS, DIEUSY, BONAVENT, *puis LUPIN*

Charolais père, qui a passé son gilet de livrée, vient par la droite et se dirige vers le vestibule.

CHAROLAIS PÈRE. — Mais… M. le duc…

Bruit à la cantonade.

DIEUSY. — Allons… en voilà assez.

Il entre en courant avec Bonavent.

BONAVENT. — Par où est-il parti ? Il n'y a pas deux minutes, on était sur sa trace.

DIEUSY. — Nous l'empêcherons toujours de rentrer chez lui.

BONAVENT. — Mais tu es bien sûr que c'était lui ?

DIEUSY. — Ah ! là là !… Je t'en réponds !…

CHAROLAIS PÈRE. — Mais, messieurs, je ne peux pas vous laisser ici, M. le duc n'est pas réveillé.

DIEUSY. — Réveillé ! Il galope depuis minuit, votre duc. Et même qu'il court rudement bien.

LUPIN, *entrant. Il est en pantoufles de maroquin, chemise de nuit, pyjama foncé.* — Vous dites ?

DIEUSY et **BONAVENT.** — Hein ?

LUPIN. — C'est vous qui faites tout ce tapage ? *(Dieusy et Bonavent se regardent interdits.)* Ah çà ! mais, je vous connais. Vous êtes au service de Guerchard ?

DIEUSY et **BONAVENT.** — Oui.

LUPIN. — Eh bien, vous désirez ?

DIEUSY. — Plus… plus rien… On a dû se tromper.

LUPIN. — Dans ce cas… Il fait un signe à Charolais père. Celui-ci ouvre la porte.

DIEUSY, *sortant, à Bonavent.* — Quelle bourde ! Guerchard est capable d'en être révoqué !

BONAVENT. — Je te l'avais dit : un duc ! c'est un duc !

Scène III

LUPIN, seul, puis VICTOIRE, puis CHAROLAIS PÈRE

Resté seul, Lupin qui déjà pendant la scène des agents chancelait de fatigue s'affaisse sur le canapé.

VICTOIRE, *rentrant de droite*. — Mon petit ! Mon petit !... *(Lupin ne répond pas. Lui prenant la main.)* Mon petit, remets-toi... Voyons... *(À Charolais père qui rentre de gauche.)* Le déjeuner !... Il n'a rien pris ce matin !... *(À Lupin.)* Tu veux déjeuner ?

LUPIN. — Oui.

VICTOIRE, *irritée*. — Ah ! si c'est Dieu possible, cette vie que tu mènes... Tu ne changeras donc pas... *(Alarmée.)* T'es tout pâle... pourquoi ne parles-tu pas ?

LUPIN, *d'une voix brisée*. — Ah ! Victoire ! Que j'ai eu peur !

VICTOIRE. — Toi ! Tu as eu peur ?

LUPIN. — Tais-toi, ne le dis pas aux autres... mais cette nuit... Ah ! j'ai fait une folie... vois-tu... j'étais fou !... Une fois le diadème changé par moi sous le nez même de Gournay-Martin, une fois Sonia et toi hors de leurs griffes, je n'avais qu'à me défiler, n'est-ce pas ? Non, je suis resté par bravade, pour me payer la tête de Guerchard. Et après moi... moi qui suis toujours de sang-froid... eh bien, j'ai fait la seule chose qu'il ne fallait pas faire : au lieu de m'en aller tranquillement, en duc de Charmerace... eh bien... j'ai fichu le camp... Oui, je me suis mis à courir... comme un voleur... Ah ! au bout d'une seconde j'ai compris la gaffe... ça n'a pas été long... Tous les hommes de Guerchard étaient à mes trousses... et le diadème pigé sur moi... j'étais cuit !...

VICTOIRE. — Guerchard... alors ?

LUPIN. — Le premier affolement passé, Guerchard avait osé voir clair et regarder la vérité... l'esprit de l'escalier... de l'escalier que je descendais... que je dégringolais !... Alors quoi !... ça été la chasse. Il y en avait dix, quinze après moi. Je les sentais sur mes talons, essoufflés, rauques, violents, une meute, quoi... une meute... Moi, la nuit d'avant je l'avais passée en auto... J'étais claqué... Enfin, j'étais battu d'avance... puis ils gagnaient du terrain, tu sais...

VICTOIRE. — Il fallait te cacher.

LUPIN. — Ils étaient trop près, je te dis, à trois mètres, puis ça été deux mètres, puis un mètre... Ah ! je n'en pouvais plus... Tiens, à ce moment, je me rappelle, c'était la Seine... je passais sur le pont... j'ai voulu... Ah ! oui... plutôt que d'être pris, j'ai voulu en finir, me jeter...

VICTOIRE. — Ma Doué ! Et alors ?

LUPIN. — Alors, j'ai eu une révolte, j'ai pensé...

VICTOIRE. — À moi ?...

LUPIN. — Oui, à toi aussi... Je suis reparti, je m'étais donné une minute, la dernière... J'avais mon revolver sur moi... Ah ! pendant cette minute, tout ce que j'avais d'énergie, je l'ai employé... J'ai regardé derrière moi... c'est moi maintenant qui gagnais du terrain... Ils s'échelonnaient... ils étaient crevés eux aussi... tiens !... ça m'a redonné du courage... J'ai regardé autour de moi, où j'étais... Machinalement, à travers tant de rues, par instinct, je crois, je m'étais dirigé vers chez moi... Un dernier effort, j'ai pu arriver jusqu'ici au coin de la rue, ils m'ont perdu de vue... l'issue secrète était là... personne ne la connaît... J'étais sauvé !... *(Un temps, puis avec un sourire défait.)* Ah ! ma pauvre Victoire, quel métier !

CHAROLAIS PÈRE, *entrant avec un plateau.* — V'là votre petit déjeuner, patron !

LUPIN, *se levant.* — Ah ! ne m'appelle pas patron... C'est comme cela que les flics appellent Guerchard... ça me dégoûte !...

CHAROLAIS PÈRE. — Vous vous êtes rudement bien tiré d'affaire. Vous l'avez échappé belle.

LUPIN. — Oui, jusqu'à présent, ça va bien, mais tout à l'heure, ça va barder... *(Sort Charolais père. Pendant que Victoire le sert, il examine le diadème.)* Il n'y a pas à dire, c'est une jolie pièce...

VICTOIRE. — Je t'ai mis deux sucres. Veux-tu que je t'habille ?

LUPIN. — Oui... *(Il s'installe pour déjeuner. Sort Victoire.)* Ces œufs sont délicieux, le jambon aussi... ça m'avait creusé... C'est très sain, au fond, cette vie-là...

VICTOIRE, *entrant et apportant les bottines.* — Je vas te les mettre.

Elle s'agenouille pour les lui mettre.

LUPIN, *s'étirant.* — Victoire, ça va beaucoup mieux !

VICTOIRE. — Oh ! je sais bien… l'émotion… tu veux te tuer… puis t'es jeune… tu reprends le dessus… Et cette vie de menteries, de vols, les choses pas propres, ça recommence !

LUPIN. — Victoire, la barbe !

VICTOIRE. — Non, non ! ça finira mal. Être voleur, c'est pas une position. Ah ! quand je pense à ce que tu m'as fait faire cette nuit et la nuit d'avant.

LUPIN. — Ah ! parlons-en ! T'as fait que des gaffes !

VICTOIRE. — Qu'est-ce que tu veux ! moi, je suis honnête.

LUPIN. — C'est vrai… Je me demande même comment tu peux rester avec moi.

VICTOIRE. — Ah ! c'est ce que je me demande tous les jours, moi aussi, mais j'sais point… C'est peut-être parce que je t'aime trop…

LUPIN. — Moi aussi, ma brave Victoire, je t'aime bien.

VICTOIRE. — Puis, vois-tu, il y a des choses qui ne s'expliquent pas. J'en parlais souvent avec ta pauv'mère !… Ah ! ta pauvre mère ! Tiens, v'là ton gilet !

LUPIN. — Merci.

VICTOIRE. — Tout petit, tu nous étonnais… t'étais déjà d'une autre espèce, t'avais des mines délicates, des petites manières à toi, c'était aut'chose… Alors, tu pouvais pas cultiver la terre, n'est-ce pas, comme ton papa, qui avait les mains calleuses et qui vendait des betteraves.

LUPIN. — Pauv'papa !… N'empêche que s'il me voyait, ce qu'il serait fier.

VICTOIRE. — À sept ans, t'étais déjà mauvais garçon, faiseur de niches… et tu volais déjà !…

LUPIN. — Oh ! du sucre !

VICTOIRE. — Oui, ça a commencé par du sucre, puis ç'a été des confitures, puis des sous. Oh ! à c'tépoque, ça allait ! Un voleur tout petit, c'est mignon, mais maintenant, vingt-huit ans…

LUPIN. — Tu es crevante, Victoire !

VICTOIRE. — Je sais bien, t'es pas corrompu, tu ne voles que les riches, t'as toujours aimé les petites gens… Ah ! oui, pour ce qui est du cœur, t'es un brave garçon.

LUPIN. — Eh bien, alors ?

VICTOIRE. — Eh bien, tu devrais avoir d'autres idées en tête. Pourquoi voles-tu ?

LUPIN. — Tu devrais essayer, Victoire.

VICTOIRE. — Ah ! Jésus-Marie !

LUPIN. — Je t'assure... Moi, j'ai tâté de tout. J'ai fait ma médecine, mon droit, j'ai été acteur, professeur du jiu-jitsu. J'ai fait, comme Guerchard, partie de la Sûreté. Ah ! quel sale monde !... Puis, je me suis lancé dans la société. J'ai été duc. Eh bien, pas un métier ne vaut celui-là, même pas celui de duc : Que d'imprévu, Victoire... Comme c'est varié, terrible, passionnant ! Et puis, comme c'est rigolo !

VICTOIRE. — Rigolo !

LUPIN. — Ah ! oui !... les richards, les bouffis, tu sais, dans leur luxe, quand on les allège d'un billet de banque, la gueule qu'ils font !... T'as bien vu le gros Gournay-Martin quand on l'a opéré de ses tapisseries... quelle agonie ! Il en râlait. Et le diadème ! Dans l'affolement déjà préparé à Charmerace, puis à Paris, dans l'affolement de Guerchard, le diadème, je n'ai eu qu'à le cueillir. Et la joie, la joie ineffable de faire enrager la police ! et l'œil bouilli que fait Guerchard quand je le roule !... Et enfin contemple... *(Il montre l'appartement.)* Duc de Charmerace, ça mène à tout, ce métier-là !... ça mène à tout à condition de n'en pas sortir... Ah ! vois-tu, quand on ne peut pas être un grand artiste ou un grand guerrier, il n'y a plus qu'à être un grand voleur.

VICTOIRE. — Ah ! tais-toi ! Ne parle pas comme ça. Tu te montes, tu te grises. Et tout ça, c'est pas catholique. Tiens ! tu devrais avoir une idée qui te fasse oublier toutes ces voleries... de l'amour... ça te changerait... j'en suis sûre... ça ferait de toi un autre homme. Tu devrais te marier.

LUPIN, *pensif.* — Oui... peut-être... ça ferait de moi un autre homme, tu as raison.

VICTOIRE, *joyeuse.* — C'est vrai, tu y penses ?

LUPIN. — Oui.

VICTOIRE. — Oui, mais plus de blagues ! plus de poulettes d'un soir, une vraie femme... une femme pour la vie...

LUPIN. — Oui.

VICTOIRE, *toute contente.* — C'est sérieux, mon petit, tu as de l'amour au cœur, du bon ?

Lupin. — Oui, du vrai amour.

Victoire. — Ah ! mon petit !… Et comment est-elle ?

Lupin. — Elle est jolie, Victoire.

Victoire. — Ah ! pour ça, je me fie à toi. Et elle est brune, blonde ?

Lupin. — Oui, blonde. Et mince, avec un teint à peine rose, l'air d'une petite princesse.

Victoire, *sautant de joie.* — Ah ! mon petit ! Et qu'est-ce qu'elle fait de son métier ?

Lupin. — Ah ! bien voilà. Elle est voleuse !

Victoire, *éplorée.* — Ah ! Jésus-Marie !

Charolais père, *entrant.* — Je peux enlever le petit déjeuner ?

Sonnerie au téléphone.

Lupin. — Chut !… (*À Charolais père qui fait un mouvement.*) Laisse… Allô !… Oui… Comment… C'est vous ?… (*À Charolais père, bas.*) La petite Gournay-Martin… Si j'ai passé une bonne nuit ? Excellente !… Vous voulez me parler tout de suite… vous m'attendez au Ritz…

Victoire. — N'y va pas !

Lupin. — Chut ! (*Téléphonant.*) Dans dix minutes ?…

Charolais père. — C'est un piège.

Lupin. — Sapristi !… C'est donc bien grave ?… Eh bien, je prends ma voiture et j'arrive… À tout à l'heure !…

Victoire. — Et puis, si elle sait tout !… si elle se venge… si elle t'attire là-bas pour te faire arrêter…

Charolais père. — Mais oui… le juge d'instruction doit être au Ritz avec Gournay-Martin… Ils doivent tous y être !

Lupin, *après un instant de réflexion.* — Vous êtes fous ! S'ils voulaient m'arrêter, s'ils avaient la preuve matérielle qu'ils n'ont pas encore, Guerchard serait déjà ici.

Charolais père. — Alors, pourquoi vous ont-ils poursuivi ?

Lupin, *montrant le diadème.* — Et ça, c'est donc pas une raison. Au lieu de cela, les flics arrivent et on me réveille… c'est même plus moi qu'on a suivi… Alors, les preuves… les preuves matérielles, où sont-elles ? il n'y en a pas, ou plutôt c'est moi qui les ai… (*Ouvrant* *un des tiroirs de la bibliothèque et prenant un porte-feuille.)* La liste de mes correspondants de province et de l'étranger… l'acte de décès du duc de Charmerace… il y a là tout ce qu'il faudrait à Guerchard pour décider le juge d'instruction à marcher… *(À Charolais père.)* Ma valise… *(Il les met dans la valise.)* Je mets ça là… Si nous avons à filer, c'est plus sûr… puis, si jamais on me pince, je ne veux pas que ce gredin de Guerchard m'accuse d'avoir tué le duc. Je n'ai encore assassiné personne !

VICTOIRE, *qui a été chercher le paletot et le chapeau de Lupin.* — Ça, pour ce qui est du cœur…

CHAROLAIS PÈRE. — Pas même le duc de Charmerace, et, quand il était si malade c'était si facile, une petite potion…

LUPIN, *s'habillant pour sortir.* — Tu me dégoûtes !

CHAROLAIS PÈRE. — Au lieu de ça, vous lui avez sauvé la vie.

LUPIN, *même jeu.* — C'est vrai. Je l'aimais bien ce garçon-là. D'abord, il me ressemblait. Je crois même qu'il était mieux que moi.

VICTOIRE. — Non. C'était pareil. On aurait dit deux frères jumeaux.

LUPIN. — Ça m'a donné un coup la première fois que j'ai vu son portrait… tu te souviens, il y a trois ans, le jour du premier cambriolage chez Gournay-Martin…

CHAROLAIS PÈRE. — Si je me souviens !… C'est moi qui vous l'ai signalé. Je vous ai dit : « Patron, c'est vous tout craché ! » Et vous m'avez répondu : « Il y a quelque chose à faire avec ça… » C'est alors que vous êtes parti pour les neiges et les glaces, et que vous êtes devenu l'ami du duc, six mois avant sa mort.

LUPIN. — Pauvre Charmerace ! C'était un grand seigneur ! Avec lui un beau nom allait s'éteindre… je n'ai pas hésité, je l'ai continué… *(Consultant sa montre et d'une voix posée.)* Sept heures et demie… J'ai le temps de passer rue Saint-Honoré prendre mon viatique.

VICTOIRE. — Grand Dieu ! Toujours cette idée !

LUPIN. — Ah ! je file !

VICTOIRE, *vivement.* — Sans même un déguisement ? Sans même regarder au dehors si t'es pas épié ?

LUPIN. — Non, je serais en retard. La petite Gournay-Martin

pourra, un jour, me reprocher une certaine muflerie. Je n'y ajouterai pas une incorrection.

CHAROLAIS PÈRE. — Mais…

LUPIN. — Je n'ai jamais fait attendre les femmes… Victoire, range le diadème… tiens, dans ce tabouret.

Il sort.

VICTOIRE. — C'est un chevalier. Il y a quelques années, il aurait fait la croisade… au jour d'aujourd'hui, il barbote des diadèmes. Si c'est pas malheureux !

Elle se baisse, ouvre un petit tabouret et cache le diadème.

CHAROLAIS PÈRE. — Il est capable de tout avouer à la petite, par chic. On n'a que le temps de faire ses paquets, allez !

VICTOIRE. — Oui. Il y a un bon Dieu ! Et ça finira mal. *(Ils vont pour sortir. On sonne au vestibule. Avec effroi.)* On a sonné.

CHAROLAIS PÈRE. — Filez ! J'ouvre.

Elle sort. Il passe dans le vestibule. La scène reste vide.

Scène IV
BOURSIN, CHAROLAIS PÈRE, DIEUSY, puis LUPIN

CHAROLAIS PÈRE, *dans l'antichambre.* — Vous ne pouviez pas monter par l'escalier de service ?

BOURSIN, *apparaissant déguisé en chasseur de l'hôtel Ritz.* — Je ne savais pas, moi.

CHAROLAIS PÈRE. — Donnez-moi la lettre.

BOURSIN. — Je dois la remettre en mains propres à M. le duc.

CHAROLAIS PÈRE. — Alors, attendez son retour… M. le due est parti chez vous, au Ritz. Ah ! non, pas là… Attendez dans l'antichambre.

Il le repousse dans l'antichambre, ferme la porte, traverse la scène et va rejoindre Victoire. Boursin passe la tête avec précaution, regarde, ressort, va ouvrir la porte d'entrée et appelle.

BOURSIN. — Dieusy !

DIEUZY, *entrant.* — Dis donc, Boursin, le téléphone de la petite a bien pris, hein ?… Il est parti au Ritz.

BOURSIN. — Dans son auto !... Il sera rentré dans cinq minutes. Reste-là ! Je vais couper le fil du téléphone.

Il le coupe.

DIEUZY, *lui montrant la valise.* — Eh ! Boursin ! La valise !... Il doit y avoir gras là dedans !...

BOURSIN, *courant vers la valise.* — Oui, peut-être... *(Bruit à la porte de droite.)* Trop tard ! Fais ce qui est convenu !

Ils sortent. Charolais père entre avec des journaux qu'il dépose sur la table. Coup de feu du côté de l'antichambre, mais en dehors.

CHAROLAIS PÈRE. — Hein ?... *(Bondissant, il ouvre la porte, traverse l'antichambre où l'on aperçoit Boursin assis, et disparait laissant la porte ouverte. Boursin se lève en hâte, court vers la valise, prend le portefeuille et le glisse sous son dolman. Charolais rentrant.)* Personne !... Qu'est-ce que ça veut dire ? *(À Boursin.)* Ta lettre, toi... tu nous embêtes !...

Il prend la lettre. Boursin va pour sortir. À ce moment, Lupin entre par la porte de droite. Il a une petite boite en carton sous le bras.

LUPIN. — Qu'est-ce que c'est ?... *(Il dépose la boite sur la table.)* Ah ! du Ritz, un contre-ordre, probablement... On ne m'a pas reçu, là-bas !

BOURSIN. — J'ai remis la lettre... une lettre de M. Gournay-Martin.

LUPIN. — Ah ! *(Boursin va pour sortir.)* Un instant... vous êtes bien pressé...

BOURSIN. — On m'a dit de revenir tout de suite.

LUPIN, *qui a décacheté la lettre.* — Non... Il y a une réponse.

BOURSIN. — Bien, monsieur.

LUPIN. — Attendez là... *(À Charolais père.)* C'est de la petite : « Monsieur... M. Guerchard m'a tout dit, à propos de Sonia, je vous ai jugé : un homme qui aime une voleuse ne peut être qu'un fripon... » Elle manque de tact... « À ce propos, j'ai deux nouvelles à vous annoncer : la mort du duc de Charmerace, mort d'ailleurs depuis trois ans ; mes projets de fiançailles avec son cousin et seul héritier, M. de Relzières, lequel relèvera le nom et les armes... Pour Mlle Gournay-Martin, sa femme de chambre, Irma. » Hum ! *(À Boursin qui s'est avancé peu à peu vers la sor-*

tie.) Restez donc là, mon ami. *(À Charolais père.)* Écris, toi ! *(Il lui dicte.)* « Mademoiselle, j'ai une constitution extrêmement robuste, et mon malaise ne sera que passager. J'aurai l'honneur d'envoyer cet après-midi à la future Mme de Relzières mon humble cadeau de noces... Pour Jacques de Bartut, marquis de Relzières, prince de Virieux, duc de Charmerace, son maître d'hôtel, Arsène. »

CHAROLAIS PÈRE, *stupéfait*. — Faut écrire Arsène ?

LUPIN, *tout en dictant, il s'est approché de la valise et, constatant qu'elle n'est pas fermée, il inspecte Boursin*. — Pourquoi pas ?... Ça y est ?... Donne !... *(À Boursin.)* Tenez, mon ami. *(Il tend la lettre à Boursin qui la prend et qui fait un pas pour s'en aller. Lupin le saisit par le cou et le renverse.)* Bouge pas, mon gros, ou t'as le bras cassé. *(À Charolais père.)* Nos papiers, ils sont sous son dolman. *(À Boursin.)* C'est du jiu-jitsu, mon vieux, tu apprendras ça à tes collègues. *(L'aidant à se relever et le poussant vers la porte.)* Mais tu diras à ton patron que s'il a besoin de chasseur pour me fusiller, il faudra qu'il épaule lui-même... T'es pas pour gros gibier !... T'as une balle qui ne porte pas !...

BOURSIN, *menaçant*. — Le patron sera ici dans dix minutes !

Il sort.

LUPIN, *le conduisant jusque dans l'antichambre*. — Ah ! merci du renseignement !

Scène V
LUPIN, CHAROLAIS PÈRE, puis VICTOIRE

LUPIN, *revenant en courant*. — Bougre d'idiot ! T'avais donc rien vu ?

CHAROLAIS PÈRE. — Sous le dolman ?

LUPIN. — Mais non, imbécile, dans la valise. Et maintenant, on est bon, Guerchard sera ici dans dix minutes avec un mandat d'arrêt ! *(Impérieux.)* Fichez le camp, tous !

CHAROLAIS PÈRE. — Mais par où ?... Il y a des flics partout !... Ils ont reçu du renfort... Il y en a à la porte d'entrée et dans la rue parallèle.

LUPIN. — Mais là, devant, dans l'avenue.

CHAROLAIS PÈRE, *regardant*. — Libre.

LUPIN. — Filez par l'escalier de service. Je vous rejoins… Rendez-vous à la maison de Passy…

Ils sortent.

VICTOIRE. — Et toi, tu viens aussi ?

LUPIN, *téléphonant*. — Dans un instant, je passerai par là… Ils n'ont pas encore trouvé l'issue secrète.

VICTOIRE. — Qu'en sais-tu ? Mais tu es fou, tu téléphones ?…

LUPIN. — Oui. Si je ne téléphone pas, Sonia va venir, elle s'enferrerait dans Guerchard.

VICTOIRE. — Sonia, mais…

LUPIN, *s'exaspérant*. — On ne répond pas. Allô… elles sont sourdes.

VICTOIRE, *effarée*. — Passons chez elle, mais fuyons d'ici…

LUPIN, *avec une agitation croissante*. — Chez elle… est-ce que je connais son adresse ! Ah ! j'ai perdu la tête hier soir… Allô !… C'est un petit hôtel près de l'Étoile… mais il y a vingt hôtels près de l'Étoile !… Allô… *(Hors de lui.)* Ah ! ce téléphone… On lutte, on se bat contre un meuble… Allô… *(Il soulève l'appareil. Avec un cri de rage.)* Ah ! on m'a joué le tour du téléphone… c'est Guerchard… Ah ! la fripouille !…

VICTOIRE. — Eh bien, alors… maintenant ?

LUPIN. — Quoi, maintenant ?

VICTOIRE. — Tu n'as plus rien à faire ici, puisque tu ne peux plus téléphoner.

LUPIN, *lui prenant le bras, tout tremblant de fièvre et d'anxiété*. — Mais tu ne comprends donc pas que, puisque je n'ai pas téléphoné, elle vient ! Elle est en route, tu entends, elle va venir.

VICTOIRE. — Mais toi !…

LUPIN. — Mais elle !…

VICTOIRE. — Mais à quoi ça avance, ma doué, c'est vous perdre tous les deux !

LUPIN. — Ah ! j'aime mieux ça…

VICTOIRE. — Mais ils vont te prendre…

LUPIN. — Me prendre !… *(Posant la main sur la boite qu'il a rapportée.)* Ah ! pas vivant, je te le jure.

Victoire, *terrifiée.* — Tais-toi ! Tais-toi !… Ah ! la maudite chose que tu as là dedans… Je le sais bien, t'es capable de tout… et eux aussi, ils te donneront un mauvais coup… Non, vois-tu, il faut t'en aller… la petite, on ne lui fera rien… elle en sera quitte pour pas grand'chose. Tu vas t'en aller, n'est-ce pas ?

Lupin. — Non, Victoire !

Victoire, *s'asseyant.* — Alors, comme il plaît à Dieu…

Lupin. — Quoi ! tu ne vas pas rester, toi !

Victoire. — Ah ! fais-moi bouger d'ici si tu peux, je t'aime autant qu'elle, tu sais… *(On sonne, ils se regardent. La voix sourde, avec une angoisse effrayante.)* C'est elle ?

Lupin, *bas, immobile.* — Non.

Victoire, *de même.* — Alors ?

Lupin, *de même.* — Alors oui, c'est Guerchard !

Victoire, *de même.* — Ne bougeons pas… peut-être…

Lupin, *après un silence.* — Écoute, va lui ouvrir.

Victoire, *épouvantée.* — Quoi ! tu veux ?

Lupin, *avec un sang-froid impressionnant et une autorité extrême, lentement, gravement, tout son être tendu.* — Comprends-moi bien, tu attendras qu'il soit rentré, tu feras le tour, tu t'en iras par l'escalier de service, tu la guetteras pas loin de la maison… Oh ! tu la reconnaîtras… elle est si jolie… Et puis tu verras bien quand elle voudra franchir la porte… *(La voix tremblante et impérieuse.)* empêche-la d'entrer, Victoire… empêche-la.

Victoire. — Oui, mais si Guerchard m'arrête ?…

Lupin. — Non ! Il entre, tu te dissimules derrière la porte, et puis tu ne comptes pas pour lui…

Victoire. — Pourtant, s'il m'arrête ?… *(Lupin ne répond pas. On entend un deuxième coup de sonnette. À voix basse.)* S'il m'arrête…

Lupin, *un temps, tout bas.* — Vas-y tout de même, Victoire…

Victoire. — J'y vais, mon petit.

Elle sort par l'antichambre.

Scène VI
LUPIN, seul.

LUPIN, *seul, il tombe assis, défaillant.* — Pourvu qu'elle arrive à temps... que Victoire l'empêche... Ah ! Sonia, ma petite Sonia... *(Se dominant.)* Hein ! mais je deviens gâteux, moi !... Guerchard est là et au lieu de... Ah ! mais non ! Ah !... mais non !... *(Il se relève.)* Ah ! mais non !... Il prend la boite et va la déposer sur un des rayons de la bibliothèque.

Scène VII
LUPIN, puis GUERCHARD, puis BOURSIN, puis SONIA KRITCHNOFF

GUERCHARD, *entrant rapidement et s'arrêtant court sur le seuil.* — Bonjour, Lupin.

LUPIN. — Bonjour, ma vieille.

GUERCHARD. — Tu m'attendais ? je n'ai pas été, trop long ?

LUPIN, *maitrisant son émotion.* — Non, le temps a passé très vite.

GUERCHARD. — C'est gentil chez toi.

LUPIN. — C'est central... Seulement, excuse-moi, je ne peux pas te recevoir comme je voudrais. Tous mes domestiques sont partis.

GUERCHARD. — Ne t'inquiète pas de ça, je les rattraperai. *(Un temps.)* Et Victoire est toujours là...

LUPIN, *chancelant sous le coup, la voix altérée.* — Elle est arrêtée ?

GUERCHARD. — Oui.

LUPIN. — Ah ! *(Un temps. À Guerchard, qui a gardé son chapeau sur la tête.)* Reste donc couvert. *(Ils s'assoient tous deux l'un en face de l'autre, lentement, sans se quitter des yeux.)* D'où viens-tu ? *(Avec gaminerie.)* Tu as été faire signer ton petit mandat ?

GUERCHARD. — Oui.

LUPIN, *même jeu.* — Tu l'as sur toi ?

GUERCHARD. — Oui.

LUPIN. — Contre Lupin, dit Charmerace ?

GUERCHARD. — Contre Lupin, dit Charmerace.

LUPIN. — Alors, qu'est-ce que t'attends pour m'arrêter ?

GUERCHARD. — Rien, mais ça me fait tellement plaisir que je veux savourer cette minute dans toute sa plénitude. Lupin !

LUPIN. — Soi-même.

GUERCHARD. — Je n'ose pas y croire.

LUPIN. — Comme tu as raison !

GUERCHARD. — Oui, je n'ose pas y croire. Toi, vivant ! là, à ma merci.

LUPIN. — Oh ! pas encore !

GUERCHARD. — Si !… et bien plus encore que tu ne le crois… *(Se penchant vers lui.)* Sais-tu où est Sonia Kritchnoff, en ce moment ?

LUPIN. — Hein ?

GUERCHARD. — Je te demande si tu sais où est Sonia Kritchnoff ?

LUPIN, *bouleversé.* — Et toi ?

GUERCHARD. — Moi, je le sais.

LUPIN. — Dis voir.

GUERCHARD. — Dans un petit hôtel, près de l'Étoile…

LUPIN, *de même.* — Dans un petit hôtel près de l'Étoile…

GUERCHARD. — Qui a le téléphone.

LUPIN. — Ah ! quel numéro ?

GUERCHARD. — 555.14… Veux-tu lui téléphoner ?

LUPIN, *se levant brusquement.* — Eh bien, après ?

GUERCHARD. — Après… rien… voilà.

LUPIN, *avec dans la voix de l'émotion, de la violence contenue, parfois une sorte de supplication menaçante.* — Évidemment, rien… car qu'est-ce que ça peut te faire, cette petite ? Ce n'est pas elle qui t'intéresse, n'est-ce pas ? C'est moi que tu cherches… que tu hais… C'est moi qu'il te faut… Je t'ai joué assez de tours pour ça, hein ! vieux brigand ? Alors, cette petite, tu vas la laisser tranquille… tu ne vas pas te venger sur elle… Tu as beau être policier, tu as beau me détester, il y a des choses qui ne se font pas… Tu ne vas pas faire ça, Guerchard… tu ne feras pas ça… Moi… tout ce que tu voudras… mais elle, faut pas y toucher, pauvre gosse ! Hein ? faut pas y toucher.

GUERCHARD, *nettement.* — Ça dépend de toi.

LUPIN. — Ça dépend de moi ?

GUERCHARD. — J'ai à te proposer un petit marché.

LUPIN. — Ah !…

GUERCHARD. — Oui.

LUPIN. — Qu'est-ce que tu veux ?

GUERCHARD. — Je t'offre…

LUPIN. — Tu m'offres ? Alors, c'est pas vrai… Tu me roules.

GUERCHARD. — Rassure-toi. À toi personnellement, je ne t'offre rien.

LUPIN. — Rien ?

GUERCHARD. — Rien !

LUPIN. — Alors, tu es sincère. Et à part ça ?

GUERCHARD. — Je t'offre la liberté.

LUPIN. — Pour qui ? Pour mon concierge ?

GUERCHARD. — Ne fais pas l'idiot, une seule personne t'intéresse, je te tiens par elle : Sonia Kritchnoff !

LUPIN. — C'est-à-dire que tu me fais chanter.

GUERCHARD. — Tu l'as dit.

LUPIN. — Soit, pour l'instant tu es le plus fort, ça ne durera pas. Mais tu m'offres la liberté de la petite ?

GUERCHARD. — Oui.

LUPIN. — Sa liberté entière ?… Ta parole d'honneur ?

GUERCHARD, *vivement.* — Oui.

LUPIN, *de même* — Tu le peux ?

GUERCHARD. — Je m'en charge.

LUPIN, *vivement.* — Comment feras-tu ?

GUERCHARD, *de même.* — Je mettrai les vols sur ton dos.

LUPIN. — Oui, j'ai bon dos… Et en échange… qu'est-ce qu'il te faut ?

GUERCHARD. — Ah ! tout. Tu vas me rendre les tableaux, les tapisseries, le mobilier Louis XIV, le diadème et l'acte de décès de Charmerace.

LUPIN. — Oui, foutu. Je serai foutu… Veux-tu aussi ma sœur ? Enfin, quoi ! tu veux ma peau ?

GUERCHARD. — Oui, je veux ta peau.

LUPIN. — La peau !

GUERCHARD. — Tu ne veux pas ?

LUPIN. — Je peux te donner un verre de porto, mais c'est tout ce que je peux faire pour toi.

GUERCHARD. — Soit !

On sonne. Il va à la porte.

LUPIN, *courant.* — Attends ! Attends !

GUERCHARD, *à Boursin qui entre.* — Qu'est-ce que c'est ?

LUPIN, *fortement.* — J'accepte, j'accepte tout.

BOURSIN — C'est un fournisseur.

LUPIN. — Un fournisseur ? Je refuse.

Boursin se retire.

GUERCHARD. — Je vais coffrer la petite.

LUPIN. — Pas pour longtemps.

GUERCHARD. — Tu connais ton code : minimum, cinq ans.

LUPIN. — Tu mens ! tu ne peux pas !

GUERCHARD. — … Article 386.

LUPIN, *après un instant.* — Au fait, si je te rends tout… j'en serai quitte pour tout reprendre un de ces jours…

GUERCHARD, *ironique.* — Parbleu ! quand tu sortiras de prison.

LUPIN. — Il faudra d'abord que j'y entre.

GUERCHARD. — Ah ! mais pardon, si tu acceptes, je peux t'arrêter !

LUPIN. — Évidemment, tu m'arrêtes si tu peux…

GUERCHARD. — Tu acceptes ?

LUPIN. — Eh bien…

GUERCHARD. — Eh bien ?

LUPIN, *violemment.* — Eh bien, non !

GUERCHARD. — Ah !

LUPIN. — Non. Tu veux m'avoir… tu me la fais… tu te fiches de Sonia, au fond… Tu ne l'arrêteras pas… Et puis même… tu l'arrêtes… soit ! j'admets… C'est pas tout d'arrêter, il faut prouver. As-tu des preuves ? Oui, je sais, le pendentif, eh bien, prouve-le. Non,

Guerchard, après dix ans que j'échappe à tes griffes, me faire piger pour sauver cette petite qui n'est même pas en danger. Je refuse.

GUERCHARD. — Soit. *(On sonne.)* Encore… On sonne beaucoup chez toi ce matin. *(À Boursin qui entre.)* Qu'est-ce que c'est ?

BOURSIN. — Mlle Kritchnoff.

GUERCHARD. — Ah ! Empoigne-la… Voilà le mandat… Empoigne-la…

LUPIN, *sautant à la gorge de Boursin.* — Non, jamais, pas ça ! Ne la touche pas, nom de Dieu !…

GUERCHARD. — Alors, tu acceptes ? *(Un grand silence. Lupin pâle, défait, s'appuie contre la table sans répondre, Enfin il fait un signe de tête. À Boursin.)* Fais attendre Mlle Kritchnoff… *(Boursin sort. Revenant vers Lupin.)* L'acte de décès de Charmerace.

LUPIN, *tirant un papier du portefeuille.* — Voilà !

Guerchard déplie vivement le papier.

GUERCHARD. — Enfin ! mais les tableaux ?… les tapisseries ?

LUPIN, *tirant un bout de papier plié.* — Voilà le reçu.

GUERCHARD. — Hein ?

LUPIN. — J'ai tout mis au garde-meuble.

GUERCHARD, *jetant un coup d'œil sur le papier que lui a remis Lupin.* — Le diadème n'y est pas ?

LUPIN. — T'as un pied dessus.

GUERCHARD. — Quoi ?

Il se baisse, ouvre le petit banc et en retire le diadème.

LUPIN. — Veux-tu l'écrin ? *(Guerchard examine le diadème avec méfiance.)* T'as le souvenir !

GUERCHARD, *après avoir soupesé le diadème, et rassuré.* — Oui… celui-là est vrai.

LUPIN. — Si tu le dis !… Et maintenant, as-tu fini de me saigner ?

GUERCHARD. — Tes armes ?

LUPIN, *jetant son revolver sur la table.* — Voilà.

GUERCHARD. — C'est tout. Qu'est-ce que tu as là ?

LUPIN. — Un canif.

GUERCHARD. — Il est gros ?

LUPIN. — Moyen.

GUERCHARD. — Fais voir !... *(Lupin sort un énorme ccute-las.)* Fichtre ! Et c'est tout ?

LUPIN, *fouillant ses poches.* — Un cure-dents... Alors, ça y est ! j'ai ta parole !

GUERCHARD, *sortant les menottes.* — Tes mains d'abord.

LUPIN. — Ta parole !

GUERCHARD. — Tes mains. Ah ! veux-tu la liberté de la petite, oui ou non ?

LUPIN. — As-tu de la veine que je sois aussi poire, aussi peu Char-merace, aussi peuple ! Hein ! pour être aussi amoureux, faut-il que je sois peu homme du monde !

GUERCHARD. — Allons, tes mains.

LUPIN. — Je verrai la petite une dernière fois ?

GUERCHARD. — Oui.

LUPIN. — Arsène Lupin, pigé, et par toi ! Es-tu assez veinard ! Tiens ! *(Il tend les mains. Guerchard lui met les menottes.)* Veinard ! C'est pas possible, t'es marié !

GUERCHARD, *goguenard.* — Oui... oui... Boursin !... *(Entre Boursin.)* Mlle Kritchnoff est libre, dis-le-lui, et laisse-la entrer !

LUPIN, *sursautant.* — Avec ça aux mains... jamais !... et pour-tant... *(Boursin s'arrête.)* pourtant... j'aurais bien voulu... car si elle part comme ça... je ne sais pas quand, moi... Eh bien, oui, oui, je veux la voir... *(Boursin et Guerchard passent dans l'anti-chambre.)* Non, non...

GUERCHARD, *qui n'a pas entendu, revient avec Sonia.* — Vous êtes libre, mademoiselle. Vous pouvez remercier le duc. C'est à lui que vous devez cela.

SONIA. — Libre ! et c'est à vous ! c'est à lui !

GUERCHARD. — Oui.

SONIA, *à Lupin.* — C'est à vous ? Je vous devrai donc tout ! Ah ! merci, merci ! *(Pour qu'elle ne voie pas ses menottes, Lupin se dé-tourne. Sonia désespérée.)* Ah ! j'ai eu tort, j'ai eu tort de venir ici, j'avais cru hier... je me suis trompée... pardon, je m'en vais...

LUPIN, *douloureux.* — Sonia...

SONIA. — Non, non, je comprends, c'était impossible. Et si vous saviez pourtant, si vous saviez avec quelle âme transformée j'étais venue ici !… Ah ! je vous le jure maintenant, je vous le jure, tout mon passé, je le renie, et la seule présence d'un voleur me soulèverait de dégoût.

LUPIN. — Sonia, taisez-vous !

SONIA. — Oui, vous avez raison. Peut-on effacer ce qui a été ! Je restituerais tout ce que j'ai pris, je passerais des années de remords, de repentir… à vos yeux, j'aurais beau faire, Sonia Kritchnoff, monsieur le duc, qu'est-ce que c'est ? C'est une voleuse.

LUPIN. — Sonia !

SONIA. — Et pourtant, si j'avais été une voleuse comme tant d'autres… mais vous savez pourquoi j'ai volé. Je ne cherche pas à m'excuser, mais enfin, tout de même, c'était pour me garder intacte, et quand je vous aimais, ce n'était plus le cœur d'une voleuse qui battait, c'était le cœur d'une pauvre fille qui aimait… voilà tout… qui aimait…

LUPIN, *bouleversé.* — Vous ne pouvez pas savoir, comme vous me torturez, taisez-vous !

SONIA. — Enfin, je pars : nous ne nous reverrons jamais. Alors, voulez-vous au moins me donner la main ?

LUPIN, *torturé.* — Non.

SONIA. — Vous ne voulez pas ?

LUPIN, *très bas.* — Non.

SONIA. — Ah !

LUPIN. — Je ne peux pas.

SONIA. — Ah ! vous n'auriez pas dû… vous ne devriez pas me quitter ainsi, vous avez eu tort hier.

Elle va pour sortir.

LUPIN, *à voix basse, balbutiant.* — Sonia ! *(Sonia s'arrête.)* Sonia !… vous avez dit quelque chose… vous avez dit que la présence d'un voleur vous soulèverait de dégoût… est-ce vrai ?

SONIA. — Oui, je vous le jure.

LUPIN. — Et si je n'étais pas celui que vous croyez ?

SONIA. — Quoi ?

LUPIN. — Si je n'étais pas le duc de Charmerace.

SONIA. — Quoi ?

LUPIN. — Si je n'étais pas un honnête homme.

SONIA. — Vous ?

LUPIN. — Si j'étais un voleur... Si j'étais...

GUERCHARD, *goguenard.* — Arsène Lupin.

SONIA, *balbutiant.* — Arsène Lupin... *(Elle aperçoit ses menottes et pousse un cri.)* C'est vrai ?... mais alors, vous vous êtes livré à cause de moi ?... et c'est à cause de moi que vous allez être mis en prison ? Ah ! mon Dieu, que je suis heureuse !

Elle se jette sur lui et l'embrasse.

GUERCHARD, *avec un grand geste.* — Et voilà ce que les femmes appellent le repentir.

Tout en surveillant Lupin, il passe dans l'antichambre donner des ordres.

LUPIN, *à Sonia, transporté de joie comme un enfant.* — Ah ! vois-tu, laisse-le dire, c'est inoubliable, ça... malgré tout, et sachant que tu m'aimes assez pour m'aimer encore... je ne sais pas si je suis touché de la grâce, je ne sais pas si j'ai des remords, je ne sais pas si c'est ça qu'on peut appeler du repentir, mais je dois être changé, je dois être meilleur, je dois être devenu honnête... Ah ! je suis trop heureux !

GUERCHARD, *revenant.* — En voilà assez.

LUPIN. — Ah ! Guerchard, je te dois, après tant d'autres, la meilleure minute de ma vie.

BOURSIN, *entrant, essoufflé.* — Patron !

GUERCHARD, *à part.* — Quoi ?

BOURSIN. — L'issue secrète... on l'a trouvée... c'est par les caves...

GUERCHARD. — Ah ! cette fois, ça y est, nous le tenons.

Boursin sort.

SONIA, *à part.* — Mais alors il va t'emmener, nous allons être séparés.

LUPIN. — Ah ! maintenant, moi, ça m'est égal.

SONIA. — Oui, mais moi pas.

LUPIN, *nettement.* — Va-t'en, sois tranquille, je n'irai pas en prison.

GUERCHARD. — Allons, la petite, il faut filer.

LUPIN. — Va-t'en, Sonia ! va-t'en. *(Elle s'éloigne. Lupin bondit.*

Guerchard se précipite, mais Lupin se baisse.) Elle avait laissé tomber son mouchoir.

Il le lui rend. Elle sort. Alors, tranquillement, Lupin va s'étendre sur le canapé.

GUERCHARD. — Allons, lève-toi. Voilà qui va te faire retomber de ton rêve, la voiture cellulaire est en bas.

LUPIN. — Tu as des mots vraiment malheureux.

GUERCHARD. — Tu ne veux pas sortir avec moi ! tu ne veux pas sortir !

LUPIN. — Si.

GUERCHARD. — Alors, viens.

LUPIN. — Ah ! non, c'est trop tôt. *(Il se recouche.)* Je déjeune à l'ambassade d'Angleterre.

v**GUERCHARD.** — Ah ! Prends garde… les rôles sont changés, c'est moi qui me fous de toi, maintenant. Tu te raccroches à une dernière branche, c'est pas la peine. Tous tes trucs, je les connais, tu entends, voyou, je les connais.

LUPIN. — Tu les connais ? *(Il se lève.)* Fatalité ! *(Il fait deux ou trois gestes, dépasse les menottes et les jette à terre.)* Et celui-là, est-ce que tu le connais. Je te l'apprendrai un jour que tu m'inviteras à déjeuner.

GUERCHARD, *furieux.* — Allons, en voilà assez… Boursin ! Dieusy !

LUPIN, *l'arrête, et d'un ton saccadé.* — Guerchard, écoute, et je ne blague plus. Si Sonia, tout à l'heure, avait eu un geste, une parole de mépris pour moi, eh bien, j'aurais cédé… à moitié seulement, car, plutôt que de tomber entre tes pattes triomphantes, je me faisais sauter le caisson ! J'ai maintenant à choisir entre le bonheur, la vie avec Sonia ou la prison. Eh bien, j'ai choisi : je vivrai heureux avec elle, ou bien, mon petit Guerchard, je mourrai avec toi. Maintenant, fais entrer tes hommes, je les attends !

GUERCHARD. — Allons-y !

Il court vers l'antichambre.

LUPIN. — Je crois que ça va barder !

GUERCHARD. — Tu parles !

LUPIN. — Charles…

Tandis que Guerchard est dans l'antichambre, il saute vers la boite et en sort une bombe. En même temps, il a pressé le bouton. La bibliothèque glisse, les volets se lèvent et l'ascenseur apparait.

GUERCHARD, *rentrant avec ses hommes.* — Ligotez-le !

LUPIN, *terrible.* — Arrière vous autres ! *(Tous reculent. Tumulte.)* Les mains en l'air !... Vous connaissez ça, les enfants ?... Une bombe ! C'est mon passage à tabac, moi. Eh bien, venez donc me ligoter, maintenant !... *(À Guerchard.)* Toi aussi les mains en l'air !

GUERCHARD. — Poules mouillées ! Vous croyez donc qu'il oserait...

LUPIN. — Viens-y voir !

GUERCHARD. — Oui donc !

Il s'avance.

TOUS, *se jetant sur lui, terrifiés.* — Patron ! vous êtes fou ! Regardez ses yeux... il est enragé !

LUPIN, *tout en gardant la bombe à la main.* — Nom de nom que vous êtes laids ! Vous avez des gueules de forçats ! *(Mouvement de Guerchard.)* Hep ! *(Il lève le bras. Tous reculent.)* Dommage qu'il y ait pas un photographe. Et maintenant, voleur, rends-moi mes papiers.

GUERCHARD. — Jamais !

BOURSIN. — Patron, prenez garde.

LUPIN. — Tu veux donc les faire crever tous ?... Regardez, les enfants, si j'ai l'air de blaguer.

DIEUSY. — Faut céder, patron.

BOURSIN. — Faut céder.

Ils entourent tous Guerchard.

GUERCHARD. — Jamais !

BOURSIN. — Allons ! patron, allons, donnez-les moi.

Il lui arrache le portefeuille.

LUPIN. — Sur la table... Bien. Et maintenant, gare la bombe !...

Mouvement de panique. Il saute dans l'ascenseur.

BOURSIN, *à Guerchard.* — Il va filer !

GUERCHARD. — L'issue est gardée !

Les volets descendent. Tous se précipitent. Trop tard. Ils se heurtent aux volets. Affolement. Ils courent de tous côtés.

GUERCHARD, *essayant d'enfoncer les volets.* — La porte ! il faut l'ouvrir ! (*À Dieusy et aux autres hommes.*) Vous autres, dans la rue... à l'issue secrète ! (*Les hommes sortent précipitamment par la porte de droite.*) La porte, c'est une question de minutes. Il doit lutter avec nos hommes dans la rue !

À ce moment, les volets remontent d'eux-mêmes. Guerchard et Boursin se précipitent dans l'ascenseur. Guerchard pousse un bouton, l'ascenseur s'élève. Affolement de Guerchard.

GUERCHARD. — Mais nous montons, nom de nom ! nous montons ! Nom de nom ! Le bouton d'arrêt ! Le bouton d'arrêt, nom de nom !

L'ascenseur monte lentement. On entend les cris de Guerchard. Lupin apparait dans un second compartiment inférieur, identique à l'autre. Il est assis devant une table de toilette. Au moment où la plate-forme est de plain-pied, il pousse un déclic : « Bloqués ! » et il continue à s'arranger devant la glace, met un pardessus et un chapeau pareils à ceux de Guerchard, un large foulard blanc. Il apparait c'est Guerchard à s'y tromper.

Scène VIII
LUPIN, SONIA

LUPIN. — Ah ! voir la gueule de Guerchard !... Oui, faites du boucan, là-haut... l'immeuble est à moi... ça n'attire personne !... Ah ! sapristi ! qu'est-ce que j'ai fait de ma bombe ?... (*Il rentre dans l'ascenseur, prend la bombe et, l'élevant au bout de son bras.*) Tragédiante ! (*Il laisse tomber la bombe qui rebondit. Il la met sur la table.*) Comédiante !... Ah ! maintenant... bien que j'aie cinq bonnes minutes... célérité ! (*Il se précipite vers la porte de l'antichambre et regarde par la serrure.*) Un agent et Victoire... Pauvre Victoire !... (*Il pousse le verrou, puis il va à droite et entend du bruit.*) Hein !... des agents !... il en pousse donc !

Il reprend la bombe et élève le bras. Parait Sonia.

SONIA. — Ah ! mon Dieu !... Monsieur Guerchard !

LUPIN, *vivement.* — Non, c'est moi.

Sonia. — Vous ! oh !

Lupin. — Regardez comme je lui ressemble ! Hein ? Suis-je assez moche ?

Sonia. — Oh !

Lupin. — Cette fois, le duc de Charmerace est mort.

Sonia. — Non, mon ami, c'est Lupin.

Lupin. — Lupin ?

Sonia. — Oui, ça vaut mieux.

Lupin. — Ce serait une perte, vous savez.. une perte pour la France !

Sonia. — Non.

Lupin. — Faut-il que je vous aime !…

Sonia. — Vous ne volerez plus ?

Lupin. — Est-ce que j'y pense encore. Vous êtes là… Guerchard est dans l'ascenseur… Je ne désire plus rien… Toi là, j'ai l'âme d'un amoureux, et c'est encore l'âme d'un voleur, j'ai envie de voler tes baisers, tes pensées, de voler tout ton cœur. Ah ! Sonia, si tu ne veux pas que je vole autre chose, il n'y a qu'à plus me quitter…

Sonia. — Tu ne voleras plus… *(Ils s'embrassent.)* Du bruit !

Lupin, *se précipite vers la cage de l'ascenseur.* — Non. Ce n'est rien. C'est Guerchard qui tape du pied.

Sonia. — Comment ?

Lupin. — Je t'expliquerai… c'est rigolo. Ah ! je suis heureux… non… je ne volerai plus… je… Tiens… *(Tirant un objet de sa poche.)* le chronomètre à Guerchard. Je le lui ai pris. C'est pratique. Tu le veux ?

Sonia, *avec reproche.* — Déjà !…

Lupin. — Oui, c'est vrai… pardon, mais comme c'est difficile ! On le lui laisse, n'est-ce pas ?

Sonia. — Dépêche-toi… il faut nous sauver…

Lupin. — Nous sauver ! jamais ! chut ! *(Il ouvre la porte.)* Agent ?

L'Agent. — Patron.

Lupin, *changeant de voix et tournant le dos à l'agent.* — Agent !… Lupin est dans l'ascenseur, arrêté par Boursin : il va descendre.

L'Agent. — Lupin ?

Lupin. — Oui, et ne vous laissez pas rouler par ses déguisements. Il ne peut y avoir dans l'ascenseur que Boursin et Lupin. Guettez-le et sautez dessus.

L'Agent. — Bien, patron.

Lupin. — Et vous porterez cette bombe au laboratoire municipal. *(Il fait jouer le bouton de l'ascenseur. Puis entraînant Sonia et Victoire chacune par une main)* Allons, vous deux, au Dépôt. Et vous pouvez considérer qu'Arsène Lupin est mort… mais c'est l'amour qui l'a tué.

Ils disparaissent. Guerchard descend de l'ascenseur et se précipite à la suite de Lupin.

L'Agent, *braquant son revolver.* — Halte ! ou je fais feu !

Guerchard. — Hein ?

L'Agent. — Ah ! vous vous faites la tête du patron…

Guerchard se dégage et court vers la porte.

Boursin. — Idiot ! crétin ! mais c'est celui-ci le patron, l'autre c'était Lupin.

L'Agent. — Quoi ?

Guerchard. — Fermée ! trop tard ! Hein ? *Il entend la corne d'une automobile. Guerchard s'élance à la fenêtre. Avec un grand cri.)* Et il fout le camp dans mon automobile !…

RIDEAU

Avis
Arsène Lupin au théâtre de l'Athénée

Arsène Lupin a obtenu à l'Athénée un succès que la presse avait prévu, proclamé, dès le premier soir et qui s'est longtemps renouvelé. Il n'en pouvait être autrement.

La collaboration du poète de *Chérubin* et du *Paon*, de l'auteur de *Le je ne sais quoi* et de *Le Bonheur Mesdames*, avec le nouvelliste et le romancier des *Couples*, de l'*Œuvre de mort*, de *Voici des ailes* et de l'*Enthousiasme*, devait produire, quelque fût le genre choisi par eux, une œuvre adroite, agréable, brillante, et solidement construite.

De nombreux articles d' « avant-premières » nous ont renseigné sur la genèse de cette collaboration. M. Francis de Croisset, séduit, charmé par la verve, l'imagination, la variété de ressources du héros que M. Maurice Le blanc avait rendu fameux par ses deux derniers romans : *Arsène Lupin gentleman-cambrioleur* et *Arsène Lupin contre Herlock Sholmès*, avait proposé à leur auteur d'en tirer, avec lui, une pièce. D'avance M. Deval, directeur de l'Athénée, acceptait ces trois ou ces quatre actes. MM. de Croisset et Leblanc se mirent donc à l'ouvrage et bâtirent vite un scénario, — qui ne leur plut pas absolument. Ils partirent alors en voyage ; le premier, au Maroc, le second, à Venise, — et se retrouvèrent au mois d'août dans les Alpes, à Saint-Gervais, où ils se remirent au travail. Cette fois les scènes, les actes de ce nouvel *Arsène Lupin* se déroulèrent à merveille avec toute l'ingéniosité désirable de leurs péripéties, avec l'esprit perpétuellement renouvelé de leurs répliques ; les deux collaborateurs rentrèrent à Paris et donnèrent aussitôt lecture de leur œuvre à M. Deval qui la reçut, en effet, d'emblée, et la mit bientôt en répétitions en lui assurant des interprètes de choix.

***

Comme nous l'avons dit plus haut, la presse fut unanime, au lendemain de la répétition générale, à proclamer le plaisir qu'elle avait pris à ce spectacle.

Ainsi M. Gustave Guiches écrivait dans *Comœdia* :

« Il faut le constater tout de suite, c'est un très gros succès. Et pas un succès gros comme il risquait d'être, mais un succès charmant, remporté par ces délicieux Lupin à coups de fantaisie, de verve, d'inattendues trouvailles et, dans cette soirée de cambriolages si joliment réussis, le succès est la seule chose dont on peut dire qu'il ne l'a pas volé.

» Certes, M. Maurice Leblanc avait facilité la tâche à M. de Croisset. Il lui apportait un personnage auquel son cerveau de romancier et son talent d'écrivain avaient déjà donné une vie toute frémissante d'aventures et de joyeux frissons. Or, les deux livres que M. Maurice Leblanc consacre à Arsène Lupin ne sont-ils pas du théâtre ? Ne trouve-t-on pas, à chaque chapitre, une action condensée et cependant complète avec de l'émotion, du rire et toujours de l'imprévu dans les péripéties ?

» Mais, évidemment, cela ne suffit pas. Aussi impressionnante que fût cette série de récits, il lui eût manqué, pour la scène, le fil, le fameux fil conducteur, car s'il existe une télégraphie sans fil, il n'existe pas de théâtre sans fil. C'est M. de Croisset qui apporta ce fil. Il a enchaîné les événements comme pour une farandole, et il les a lancés dans une folle galopade.

» Je sais tout ce que l'on peut dire : que c'est du cinéma, du Guignol exaspéré ou du Sherlock en délire ; qu'il est arbitraire de créer un type qui se joue ainsi de tout le monde et qu'il est dangereux de présenter le métier de voleur comme une carrière à la mode et celui de policier comme un art ridicule. Qu'importe ! Cela n'empêche qu'*Arsène Lupin* est une pièce supérieurement faite, qui contient des scènes délicieusement comiques et poignantes et que le gentleman cambrioleur a reçu hier, pour son agilité, sa grâce et sa maîtrise, les bravos enthousiastes, récompense ordinaire des victimes du devoir et des honnêtes gens !... »

M. Adolphe Brisson reconnaissait aussi, dans *le Temps*, qu'Arsène Lupin est un voleur charmant :

« L'imagination du romancier Maurice Leblanc avait paré de mille grâces cette figure ; la spirituelle ingéniosité du dramaturge Francis de Croisset lui a imprimé le relief scénique ; la distinction souple et fine, l'élégance sportive d'André Brulé ont achevé de la rendre vivante. Elle a plu. Le public s'est diverti à la voir évoluer. »

M. Henri de Régnier expliquait même, ingénieusement, dans le *Journal des Débats*, pour quelles causes d'ordre historique, philosophique, psychologique, ce gentleman cambrioleur pouvait et devait nous plaire :

« Aimable et sympathique, Arsène Lupin est un artiste en sa partie, et c'est avec un intérêt que lui mérite une remarquable ingéniosité que nous assistons à ses « nouvelles créations ».

» Le mot d'ingéniosité vient de lui-même à l'esprit pour caractériser la qualité d'intelligence dont font preuve un Arsène Lupin et ses congénères, qu'ils sortent d'un roman de Conan Doyle ou de Balzac, d'Eugène Sue, de Gaboriau, de Capendu ou de Victor Hugo, ou qu'ils aient porté les noms authentiques de Mandrin ou de Cartouche. Ce qui nous plaît le mieux, dans leurs personnages réels ou imaginaires, c'est moins la position qu'ils ont prise en face de la société et la manière dont ils ont envisagé la vie que la façon dont, une fois adoptée la carrière où ils se sont rendus fameux, ils ont résolu, pendant plus ou moins longtemps, les difficultés qu'elle leur suscitait. Ce qui nous frappe en eux, c'est la merveilleuse ingéniosité qu'ils déploient pour arriver à leurs fins, qui ne sont autres que de s'approprier le bien d'autrui, mais sur lesquelles les moyens qu'ils inventent pour y parvenir nous font passer jusqu'à un certain point. Cela est si vrai que nous arrivons presque à ne plus nous apercevoir que le vol est en lui-même un acte répréhensible et que nous en venons presque à oublier que le voleur est un voleur pour ne voir en lui qu'une sorte de prestidigitateur et d'acrobate et un virtuose, dévoyé certes, mais bien séduisant de l'ingéniosité humaine. »

Ce sentiment d'indulgence et de curiosité que nous ressentons malgré nous pour un Arsène Lupin (prenons cet exemple puisque la pièce de MM. de Croisset et Leblanc nous le fournit) n'est pas entièrement dû aux mérites particuliers et personnels de cet ingénieux praticien ; il a une origine plus générale et plus ancienne. Il est même, si je puis dire, de tradition. Il remonte au prestige qu'a toujours exercé sur ses semblables — surtout quand ils ne lui ressemblent pas — l'homme industrieux. Aussi bien qu'il y a des hommes à bonnes fortunes, il y a des hommes à stratagèmes et ils ont toujours joui d'une considération spéciale. Nous n'admirons pas seulement les héros nés sous le signe de Mars ou de Vénus, mais aussi ceux que domine celui de Mercure. Le courage ou la grâce nous semblent des dons merveilleux, mais la ruse, l'astuce et l'adresse ne nous en paraissent pas de méprisables. À côté d'Achille, il y a Ulysse. Il est le patron des héros subtils, ingénieux, détrousseurs et débrouillards, dont l'odyssée fertile en stratagèmes, en rouveries, en bons tours et en mauvaises actions, n'a pas cessé de nous divertir de siècle en siècle et aboutit, selon les époques, à Ithaque ou à la maison centrale. »

M. Catulle Mendès commentait lui aussi dans le *Journal*, mais à sa façon et avec sa verve de vingt ans les triomphes heureux du jeune Lupin :

« À quoi rêvent les jeunes filles ? à Arsène Lupin ; plus d'une, éveillée, la nuit, par quelque grincement de « rossignol » dans la serrure (ah ! non, ce n'est pas l'alouette !) ne sait si elle redoute ou espère que son rêve s'achève en la réalité d'un jeune voleur, duc à ses moments perdus, qui, tout en rompant et en vidant les tiroirs, ne néglige pas de cambrioler la pudeur des alcôves. Les vieilles dames aussi, et les hommes affairés, et les belles des thés de cinq heures, tous, toutes, songent à Arsène Lupin avec une sorte d'affection rieuse, d'admiration tendrement effrayée. Mais ce sentiment-là n'est pas le moins du monde nouveau. Que Scaramouche escroque Pantalon, que Scapin berne Géronte, que Guignol bafoue les gendarmes, pende le commissaire, que Robert Macaire ruine Gogo et s'évade au balcon, que l'illustre Dupin triomphe du préfet de police, ce sont plaisirs de tous les temps, à cause de la satisfaction qu'on a de la ruse, l'adresse, la petite finesse, vaincre l'imbécillité énorme et robuste ; Arsène Lupin est une manière de David-gavroche, gamin révolutionnaire, qui vise au front et ne manque pas, non sans un pied de nez, la société-Goliath. De là sa popularité universelle. »

M. Robert de Flers soulignait, dans *le Figaro*, une des particularités curieuses de cette brillante réussite succédant à celles de *Raffles* et de *Sherlock Holmès* :

« Nous assistons, depuis quelques années, à un fait très curieux : la réhabilitation du voleur. La morale en souffre peut-être, mais n'est-t-elle pas habitué à souffrir ? Cherchons un peu la raison de cet état d'esprit du spectateur.

« Nous avons cessé de considérer le vol comme un crime, ou même comme un délit. Nous préférons le tenir pour un tour d'adresse auquel, lorsqu'il est prestement exécuté, il est de bon goût d'applaudir. De cette façon, la carrière de voleur devient une carrière d'artiste, une carrière presque honorable, puisqu'elle est libérale et indépendante, que la protection ne vous y aide point, et qu'on ne vous y demande pas de manifester vos opinions politiques. Thomas de Quincey traita « de l'assassinat considéré comme un des beaux-arts ». Pourquoi donc le cambriolage n'en serait-il pas un autre ? Il y faut de l'invention, de l'exécution, de la maîtrise, une absence de préjugés à laquelle ne saurait parvenir un esprit ordinaire, toutes qualités fort difficiles à conquérir e très flatteuses à posséder. À une époque où les énergies ne trouvent plus à s'employer, où les guerres héroïques sont impossibles et où le scepticisme a vite fait e décourager les moindres tentatives de croisades de toutes sortes, les chevaliers d'aventure deviennent un peu forcément des chevaliers d'industrie, mais, dans l'esprit du public, ce sont quand même des chevaliers. Et, ceci n'est nullement exagéré. Nous le constatons non seulement au théâtre, mais dans la réalité : il y a peu de mois encore, le « capitaine » de Koepenfk en Allemagne et Lemoine à Paris étaient accompagnés de notre sympathie amusée. Arsène Lupin bénéficiera pendant de longs soirs de ces bienveillantes dispositions. »

M. Camille Le Senne, dans *le Siècle*, écrivait aussi :
« *Arsène Lupin* comptera parmi les grands succès de l'Athénée. C'est une pièce amusante à l'extrême, débordante de fantaisie, plus fertile en péripéties que dix volumes de Gaboriau et, en même temps plus farcie de trucs qu'un manuel de Robert Houdin, — bref une délicieuse féérie policière. Or, il faut aimer la féerie, car elle est bonne, elle est reposante, elle arrache le spectateur au voisinage des bassesses et des tristesses humaines, et elle mérite toute notre reconnaissance quand elle vient rajeunir un genre théâtral usagé par les mélodramaturges du boulevard en l'enveloppant d'élégance et en le pailletant de fantaisie... Il est évident que toute cette histoire serait affreusement immorale et tomberait sous le coup des lois qui défendent l'excitation aux « faits qualifiés crimes ou délits » s'il y avait dans ces quatre tableaux autre chose qu'une fantaisie débridée. Mais, c'est du Guignol féérique, un *Raffles* plus dégagé de complication dramatiques, un *Sherlock Holmès* moins encombré d'accessoires de l'ancien romantisme boulevardier. On a donc pu goûter sans honte la platée de péripéties extraordinaires tirées par M. Francis de Croisset du roman de M. Maurice Leblanc, et le public l'applaudira sans remords au cours de nombreuses soirées. »

Tandis que M. Paul Sonday semblait au contraire s'alarmer, dans *l'Éclair*, de cet agréable divertissement !
« Dans mon enfance, nous rêvions d'être explorateurs et coureurs des bois, comme les personnages de Jules Verne et de Fenimore Cooper. Il n'y avait pas de mal. Mais que deviendrait une jeunesse qui, séduite par ces histoires enchanteresses de gentlemen cambrioleurs, aspirerait à imiter les exploits d'un Arsène Lupin ? »
À quoi M. J. Ernest-Charles semblait directement — et à peine paradoxalement — répliquer, dans *l'Opinion* :
« Pour moi, je crois bien que Francis de Croisset et Maurice

Leblanc ont fait une œuvre morale. Systématiquement, ils ont transformé leur Arsène Lupin en un être imaginaire. Personne, en effet, n'admettra qu'il serait un homme comme les autres hommes, cet Arsène Lupin qui vole, pour le plaisir, des richesses immenses dont son mariage le rendrait propriétaire le lendemain. C'est un être d'exception, avouez-le. Et tous les moyens dont il use sont des moyens exceptionnels aussi. Le moindre de ses actes est mystérieux. Et il accomplit chacun d'eux par des procédés également mystérieux... Si quelqu'un se sent la moindre envie de devenir voleur, afin de s'enrichir, il n'a qu'à aller à l'Athénée, il observera les faits et gestes d'Arsène Lupin. Il se rendra compte tout de suite que la profession de voleur, pour être rémunératrice, exige des facultés auxquelles les commun des mortels ne peut prétendre. Le sentiment de son infériorité le condamnera à l'honnêteté, et, plutôt que de se faire voleur, il se fera notaire ou banquier. »

Les titres de *Raffles* et de *Sherlock Holmès* ont été déjà prononcés deux ou trois fois au cours de cette revue de la presse. M. Nozère estime pourtant, dans *Gil Blas*, que cette œuvre « adroite, attachante, spirituelle », se distingue des deux pièces anglo-américaines plus haut citées parce qu'elle est précisément « très française » :

« Sans doute MM. Francis de Croisset et Maurice Leblanc ont un peu sacrifié au goût du gros public en imaginant l'amour qui unit Lupin à *Sonia. Mais ils ont souvent souri eux-mêmes de cette histoire sentimentale. Ils ont soigneusement écarté de leur œuvre tout ce qui pourrait blesser de chastes oreilles. Ils ont songé aux jeunes filles qui viendront les applaudir. MM. de Croisset et Maurice Leblanc ont fait preuve d'ingéniosité et de délicatesse. Ils ont été acclamés. »

Enfin, M. François de Nion se félicite également, dans *l'Écho de Paris*, de ce que ces quatre actes aient entre autres agréments celui d'être « parfaitement convenables et de pouvoir être entendus par de chastes oreilles ».

***

M. André Brulé, dans le rôle d'Arsène Lupin, duc de Charmerace, s'est montré égal à lui-même, et c'est dire qu'il a été supérieur,

— au point même qu'on ne saurait choisir entre l'élégance impertinente, la désinvolture adroite dont il a d'abord fait preuve en duc de Charmerace, et le souple cynisme, la violence habile, qu'il a soudainement déployés en Arsène Lupin. Son partenaire M. Escoffier, venu de l'Odéon, lui a opposé, en Guerchard policier, un digne adversaire, énergique sous son air bonhomme et laissant éclater sous sa douceur voulue, sous sa politesse presque exagérée, de brusques rudesses. MM. André Lefaur et Bullier, le premier en juge d'instruction important, solennel, convaincu, le second en propriétaire affolé, furieux, ahuri, ont été deux parfaits grotesques.

Mlle Laurence Duluc a bien exprimé tout ce qu'a de charmant, de souriant, de résigné et d'ému, la petite personne de Sonia Kritchnoff; tandis que Mlle Jeanne Rosny étalait, en Germaine, une distinction bruyante de parvenue et que Mlle Germaine Ety nous montrait, en Victoire, une bonne nourrice affectueuse, un peu grondeuse, jeune encore, sous ses cheveux blancs. Enfin, n'oublions pas le couple typique de concierges qu'ont réalisé Mme Ael et M. Cousin.

GASTON SORBETS.

ISBN : 9783967870190

CPSIA information can be obtained
at www.ICGtesting.com
Printed in the USA
LVHW090549270121
677514LV00007B/438